Google | Amazon | Facebook | Apple

最先端企業の親たちが選んだ！

シリコンバレー式 世界一の子育て

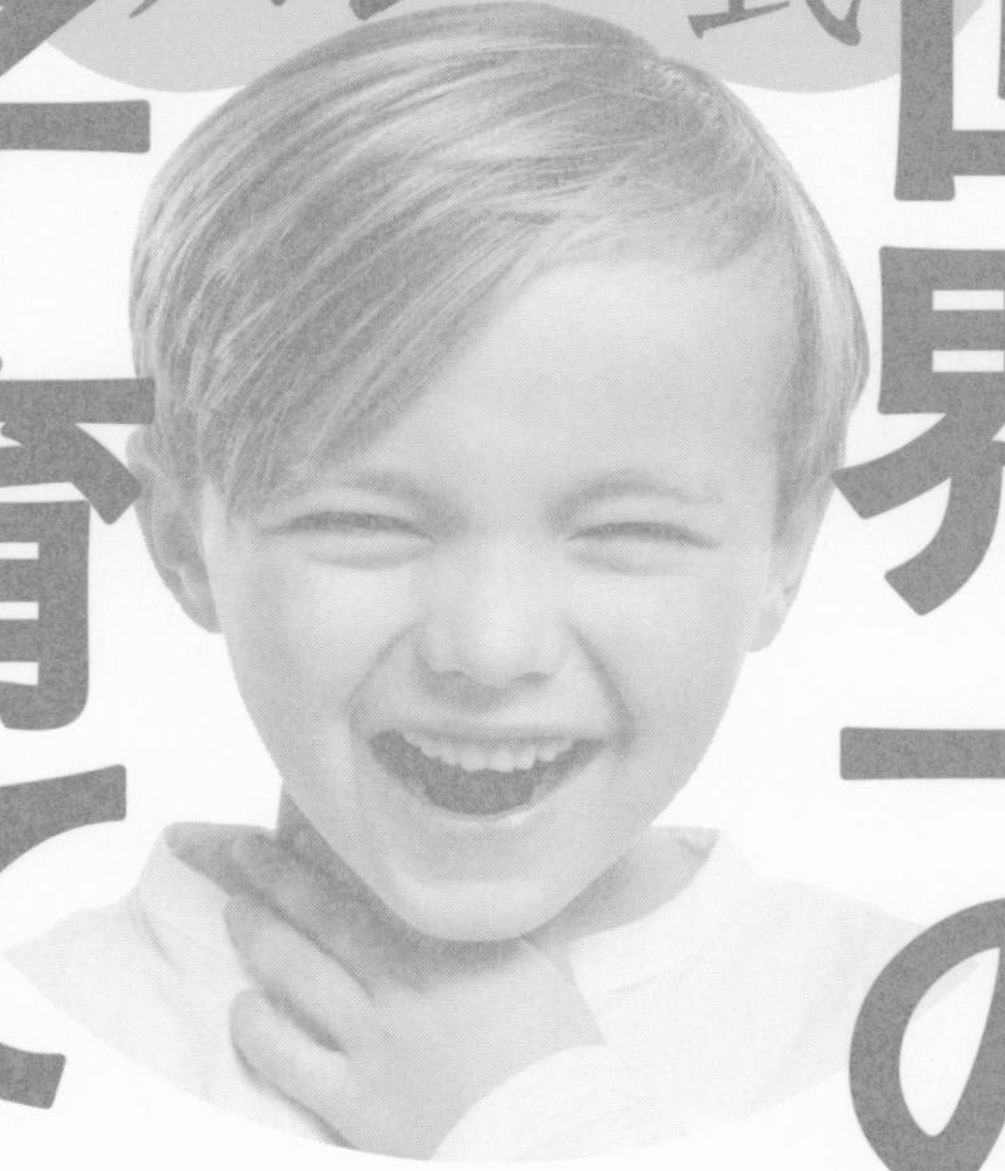

Sora International Preschool 創立者
中内玲子

F
フローラル出版

シリコンバレー式　世界一の子育て

はじめに

「こんなお弁当を持たせるなんて、かわいそうに」

今思えば、この言葉が私の人生を大きく変えたのかもしれません。

二十数年前、私は東京のある私立幼稚園に勤めていました。その幼稚園には、お父さんかお母さんが外国の方の園児も数人いました。

ある日、一人の女の子がカチカチにかたまったご飯を詰めたお弁当を持ってきました。親御さんは、数日前に炊いた古いご飯を詰めて持たせたのでしょう。その子は、「明後日のご飯だよ！」と言い間違えて文句を言いながらも、笑っていました。

そのお弁当を見て、ある先生が冒頭の「かわいそう」という言葉を使ったのです。その言葉を聞いて私の心には違和感が芽生えました。

古いご飯を持たされたからといって、その子は「かわいそう」ではないのです。その子のおうちは、決して貧しいわけではありません。お弁当に対する親御さんの考え方は国によっても大きく違い、さまざまだと思います。

またその園には、ベジタリアンの女の子もいました。その子のお弁当は、野菜や豆腐ばかりで肉や魚が入っておらず、日本の子どもたちのお弁当とは違っていました。

ベジタリアンのお弁当が珍しかったのか、今度は先生方がその子のお弁当を子どもから見えないところに持っていき、匂いをかいで顔をしかめたのです。

その先生方は、悪気はなかったのだと思います。食育を大切にする日本では、栄養バランスや彩りを考えた、おいしい手作りのお弁当を持たせるのが「当たり前」。古いご飯を持たされた子を「かわいそう」と思うのも、野菜や豆腐ばかりのお弁当を物珍しく思うのも、仕方のないことだったのかもしれません。

けれど、世界に目を向ければ、お弁当は多種多様です。ベジタリアンのお弁当もありますし、アメリカでは前日の夕飯の残り物を持たせるのはいいほうで、パンにハムを挟んだだけ、りんご一つだけなんてお弁当もあります。お弁当はみんな違っているのが「当たり前」ですし、親の愛はお弁当だけでは測れないのです。

この「みんなと同じが当たり前」という考え方は、当時の日本にはまだ残っていたように思います。

一方で、台湾で生まれ、8歳で日本に移り住んだ私は、日本でできた友だちと楽しく過ごしながらも、どこかで日本人と自分の違いを感じていました。また、保育の専門学校に入ってからアメリカへの視察旅行に行く際に、学校の先生から「日本人として恥ずかしくないように、がんばってきなさい」と言われたとき、「私、日本人じゃないのに」と違和感を覚え、改めて自分のアイデンティティについて考えるようになっていました。

そんな自分が、「みんなと同じでないといけません」なんて、心にもないことを子どもたちに言うことはできない。**子どもはみんな一人ひとり違い、それぞれの個性があるはず。その一人ひとりの個性を伸ばせる幼児教育がしたい……。**

そうした思いに突き動かされた私は、その幼稚園を辞めて、さまざまなバックグラウンドを持つ人々が集まるアメリカのカリフォルニアで幼児教育を学ぼうと決意しました。それからは節約をして幼稚園のお給料15万円のうち10万円を毎月貯金し、幼稚園退職後にもアルバイトをしてなんとか100万円を貯め、単身渡米しました。

英語も話せないし、アメリカには知り合いもいない。車も持っていない。持っているのは、若さゆえの勢いと100万円の貯金。そして、「アメリカでなら、自分が理想とする幼児教育ができるんじゃないか」という強い思いだけでした。

試行錯誤の末、なんとか英語が話せるようになり、モンテッソーリ教育の国際免許を取得。そこで私は、日本に帰って就職するか、アメリカに残るか、2つの選択を迫られました。アメリカに残って自分の理想の保育を実現する幼稚園をつくってみたいと思っていましたが、アメリカに残るには、ビザの関係で四年生大学を卒業する必要がありました。

私は日本では大学進学をやめて保育の専門学校に行ったので、アメリカに残るためには大学に行かなくてはならなかったのです。当時、私は26歳。その年齢で大学1年生から始めることに迷いもありましたが、30歳になったときに理想の自分であるために何をすべきかを考え、大学に進学することを決めました。

大学卒業後、モンテッソーリの幼稚園勤務を経て、2007年にシリコンバレーに教室を開きました。自分の教室を持てた喜びはありましたが、最初から軌道に乗ったわけではありません。日本人の夫と結婚してからも、やっと貯めた30万円で仕事が終わったあとにささやかな結婚式を挙げ、その後、教室のイベントをした当日に長男を出産し、産後1か月半で復職。当時は手探りで、目が回るような毎日を送っていました。

それから、さまざまな難題を乗り越えて、ついに2011年にシリコンバレーで初めてのカリフォルニア州認可の日英バイリンガル幼稚園 Sora International Preschool（以下、そら幼稚園）を設立しました。

試行錯誤をくり返す日々の中でも、ずっと変わらなかったのは**「子どもたちのために、**

世界一と思える教育法を学んで、それらをバランスよく取り入れた保育がしたい」という思いでした。そのために、モンテッソーリ教育やレッジョ・エミリア教育などの優れた教育法を学び、そこに私なりの工夫を加えた指導法を日々考えています。

信頼できる先生たちと親御さんに恵まれ、今ではそら幼稚園は、グーグルやアマゾン、フェイスブック、アップルなど、シリコンバレーのさまざまな企業やNASAなどにお勤めの親御さんから信頼を得ています。

そら幼稚園では、家では日本語（または英語）しか話せなかった子でも3か月ほどでバイリンガルに育ちます。また、卒園生はアメリカの小学校に入っても高いレベルの日本語力を維持しており、シリコンバレーにある日本語学校の作文コンクールで入賞する子が多く、新聞で紹介されたりするなど、卒園後にもそれぞれの力を発揮しています。

私は幼稚園経営のかたわら、今は2男1女の子育てに奮闘しています。ときには子育てに悩み、イライラしてしまうこともありますが、幼稚園に通うお子さんたちと同じように、自分の子どもたちにも最良の環境を整えようと、日々、意識しています。

その一環として、3人の子どもを自分と同じ日本語、英語、中国語のトリリンガルに育てるために多言語子育ても実践しています。

わが子の才能を見つけ、それを伸ばすにはどうしたらいいか？
先行き不透明なこれからの時代に、子どもにどんな力を身につけさせればいいか？

親ならば誰もが知りたいことでしょう。

子どもはみな、その子だけの特別な才能を持っています。幼児期は、その才能を伸ばすベースをつくる、とても大切な時期です。

また、今は時代が大きく変わり、教育も大きな転換点を迎えようとしています。日本を取り巻く状況も私が日本にいたときとはだいぶ変化し、「みんな同じ」から脱却すべく、教育も変わりつつあります。

そんな今だからこそ、日本の子どもたちが自分の才能を生かして世界で活躍する人になれるように、そのヒントを子育て中の日本のお母さん、お父さんに届けたい。

日本とアメリカそれぞれの教育を知り、世界の最先端の情報が集まるシリコンバレーで幼稚園を経営してきた私だからこそ、伝えられることがあるのではないか……。その思いを、この1冊の本に込めました。

個性を伸ばし、世界に羽ばたく子どもを育てるために、日々の子育てでどのようなことを意識したらよいか、できるだけ具体的で、日々実践できるアイデアをみなさんにお伝えしていきます。

シリコンバレー式　世界一の子育て　目次

第1章 これからの時代に身につけるべき力とは？

第2章

子どもを世界一幸せにする幼児期の教育

第3章

「自己肯定感」がある子は自ら育つ

第4章
「考える力」が正解のない時代を生き抜く糧になる

第5章 目的を達成するための「意志力」を育てる

第6章 AI時代に必要な「社会的スキル」

第7章

世界で活躍するための「国際的スキル」

装丁・本文デザイン　小口翔平＋加瀬梓(tobufune)
イラスト・図版　アツダマッシ
DTP　三協美術
校正　くすのき舎
プロデュース　川田 修(日本経営センター)
編集協力　深谷美智子(le pont)

第1章

これからの時代に身につけるべき力とは？

子育ての「当たり前」をアップデートする

これからの時代の親の役目とは？

将来、わが子が幸せな人生を送るために、今、親がすべきことはなんでしょうか。

私は3人の子どもの母として、そして幼稚園経営者として、子どもたちの教育に役立つことはないか、アンテナを張り巡らせ、学ぶ毎日を送っています。

モンテッソーリ教育（↓133ページ）やレッジョ・エミリア教育（↓182ページ）をはじめとして、気になる教育法や学校があれば、それを学び、ときには海を渡って直接自分の目で確かめ、よいと実感したものは取り入れてきました。

これまでの経験から、幼児期に親がすべきことは、つぎの4つなのではないかと私は考えています。

●環境を整える

さまざまな体験をさせ、やってみたいことに挑戦できるようにして、子どもの才能を最大限に伸ばせる環境をつくります。ここでの「環境を整える」とは、親が子どもにやってほしいことをお膳立てすることではありません。あくまでも主体は子どもです。

●意欲を育む

ものごとを知りたいという好奇心、「やってみよう」と挑戦する気持ちを育《はぐく》みます。自発的な意欲がなければ、どんな勉強をしても、どんなスキルがあっても、宝の持ち腐れになってしまいます。意欲を育む鍵となるのは、たくさんの経験と意志力です。意志力については第5章でご説明します。

●自立させる

世の中がどのように変化しても、自分の力で生きられる人に育てます。「自分の力で生きられる人」とは、自分で学び、自分で考え、自分で判断しながら、必要に応じて人に頼ることのできる人です。自立する力は親が子に与えてあげられる最高のギフトです。

●社会性や豊かな人間性を育てる

社会の中で人と互いに影響を与え合うことのできる力を養います。人は一人では生きていけません。また、人をリードすることができる人は社会で自分の力を発揮することができます。これは決して理想論ではなく、これからの時代の現実だと私は考えています。

子どもが育つための「土づくり」をする

これからの世の中は、**「学力が人より優れていること」**ではなく**「その人だけの才能」「その人らしい個性」が求められる時代**になります。

最近は、日本でも「学力だけでは世界で戦えない」という危機感が広まっているようです。きっとみなさんも、「それはわかったけれど、具体的に親は何をすればいいのか」が知りたくて、この本を手にとってくださったのかもしれません。

みなさんの中には、「子どもにどんな才能があるかわからないから、たくさん勉強させたい」という方もいらっしゃるでしょう。

私も子どもにさまざまな経験をさせることには賛成ですが、才能や個性は、机に向かって勉強をさせれば伸ばせるようなものではありません。

子どもの才能や個性を伸ばすための親の役割は、「何を学ばせるか」よりも、もっと高

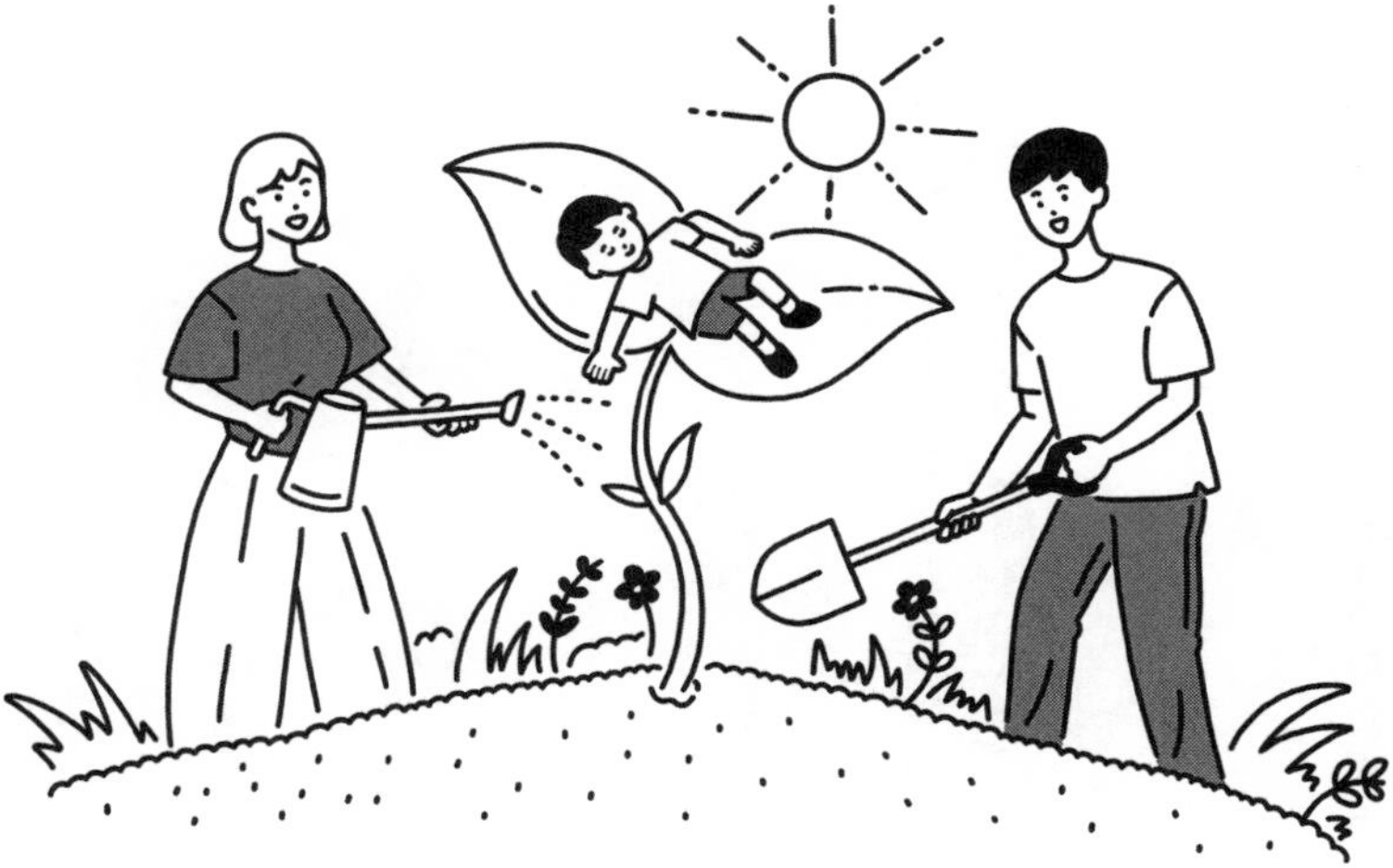

く広い視点に立ったものです。

子どもの成長を植物にたとえるなら、親の役目は**子どもが自ら育つための「よい土《ど》壌《じょう》」をつくってあげること**です。

どのような方向に、どう育つかはその子次第。親は土を耕《たがや》し、水をあげ、太陽の光が降り注ぐ環境を整えたら、あとは信じて見守ります。

その子がいきいきと育つよい土をつくるためには、親はまず、「その子の成長のためにはどのような土壌を用意すればよいのか」を知ることが大切です。

その第一歩として、子育てや教育の「当たり前」をアップデートすることから始めてみましょう。

これまでの子育てと、これからの子育て

これまでの子育てと、私が考えるこれからの子育てを比較するとこうなります。

「子どもが何を学ぶべきかを親が判断し、最善の教育環境を用意してあげる」

《《

「子どもをよく見て、何に向いているか、何を学びたがっているかを知る」

「読み書きや計算、語学などは先取りする。そのために遊びを我慢させるのも親の務め」

《《

「子どもが夢中になれる遊びや好奇心を刺激する体験をたくさんさせる。小学校に上がるまでに『学びの窓』を開き、小学校以降も学ぶことを楽しめる土台をつくる」

「子どもがよい結果を出したときは大いにほめ、うまくできないときは反省を促す」

《《

「どんなときでも子どもが自己肯定感を持てる声がけや環境づくりをする」

「子どもの努力が無駄にならないように、評判のいい学校や成果を上げている塾を選ぶ」

「子どもの才能や好奇心を最大限に伸ばしてくれる学校や習い事を選ぶ」

「子どもが将来、困らないように、考え得るもっとも確実な道筋を示してあげる」

「困難にぶつかっても自分で考え、乗り越えられる力を養う」

今までの日本の子育ては、前者だったように思います。けれど、このような学力偏重で過干渉な子育てでは、これからの時代に役立つ力は身につかないと私は考えています。

もちろん、マナーや規則正しい生活習慣、やるべきこと、やってはいけないことなど、親が教えるべきこともあります。けれど、**子どもの才能や個性を生かし、自立して生きる力を育むためには、親は必要以上に子どもをコントロールしないことです。**

子どもはみな、その子だけの豊かな才能の芽を持っています。学ぶ好奇心や情熱、自己肯定感など、生きるために必要なものを小さな両手に抱えて生まれてきています。**親の役目は、それらの力をさまたげず、そばで見守り、必要なときにサポートすること**です。

これからを生きる子どもたちの「真の成功」とは？

どんな人生が「いい人生」？

みなさんがこの本を手にとってくださったのは、お子さんによりよい教育をしてあげたいからだと思います。では、みなさんはなぜ教育を重視しているのでしょうか。**よりよい教育、よりよい子育てをしたいなら、まずその目的を考える必要があります。**

親は、「子どもに将来幸せになってほしい」と願っています。そのための道筋として、これまで多くの親が目指してきたのが「いい大学」「いい就職先」などの「安全な道」でした。けれど、これからの時代、「安全な道」は存在しません。

では、何を基準として、子どもにとっての「いい人生」を考えればよいのでしょうか。

私が考える子育ての目的、子どもの人生における成功の条件はつぎの2つです。

▼「自分らしい幸せ」を実現する
▼自分の力を社会に還元する

一見すると理想論に聞こえるかもしれませんが、そうではありません。一つずつ見ていきましょう。

「自分らしい幸せ」を実現する

これからの子どもたちに欠かせないのは「才能を生かし、自分が本当にやりたいことをして、自分で幸せをつかむ力」です。

有名校を卒業し、有名企業に就職して、経済的に不自由のない生活をしていても、それが人に決められた人生で、自分が何者かもわからないのなら幸せとは言えません。**学歴や職歴、収入といった「他者評価の幸せ」は力を失いつつあります。たしかなのは、他者評価ではなく自己評価です。**

私は高学歴・高収入を否定するわけではありません。ある大学に入ることでその子の夢が近づくなら、大学に合格することはその子の幸せを実現する入り口になるでしょう。けれど、プロのスポーツ選手になることが夢なら、ほかのルートを選ぶべきです。

私の子どもたちに将来の夢を聞くと、10歳の長男は「校長先生かゲーマー」、6歳の次男は「まだわからない」と答えます。

息子に「ゲーマーになりたい」と言われて、正直、私も母親として、「ゲームがしたいだけなんじゃないの？」と手放しで賛成できない気持ちもあるにはあります。けれど、決してその夢を否定しません。**子どもの才能を伸ばすのに、「これはいいけど、これはダメ」という親の勝手なルールは通用しないからです。**

私は、否定をしない代わりに問いかけをします。「ゲームを仕事にするには、どうしたらいいと思う？　どうやったら、自分や人を幸せにできると思う？」と、よりリアルにイメージできるように聞いていています。

そうは言っても、子どもが小さいうちは、何が「自分らしい」のかは、子ども自身もわからないことが多いものです。子どもが「自分らしい幸せ」を見つけられるようにさまざまな体験をさせ、その子がいきいきとすることを見つけてあげるのが親の役割です。

くれぐれも、親が「これがいいよ」などと誘導しないことです。子どもは親が描いた理想通りには育ちませんし、むしろ、そのほうがいいのです。

自分の力を社会に還元する

これからの時代は**「自分の持つ力を社会に還元する」**ことも大切です。

子どもたちが大人になる頃、世界は高齢社会になっています。国連の資料では、2080年には世界の5人に1人（約20％）、日本の2・5人に1人（約38％）が65歳以上の高齢者になると予測されています。また、気候変動や食糧危機問題など、世界各国が協力し合わなくては解決できない問題もあります。つまり、**高齢になってもみなが助け合わなければ世界が回って行かない**のです。そんな世の中で、「自分さえよければいい」という人は、社会から取り残されてしまうことは容易に想像できるでしょう。

もう一つ、「人のため」を人生の成功の条件にするのは、「人のためなら簡単には諦めない」からです。人は困難にぶつかると諦めてしまうこともありますが、「自分の仕事で誰かを幸せにするんだ」という情熱があれば、簡単にはギブアップしません。

ここでお話しした「成功の条件」は、あくまでも私の考えです。みなさんの考える「子どもの幸せ」「子どもの成功」とはなんでしょうか。大学進学や就職だけではなく、その先、20年後、30年後をイメージして考えてみてください。

わが子に「先行き不透明な時代を生き抜くスキル」を授ける

先行き不透明な時代を生きる子どもたち

これからの時代は、「先行き不透明な時代」と言われています。これについては、2020年に世界で猛威を振るった新型コロナウイルス感染症によって、多くの方が実感されたことでしょう。

実は、このような**想定外の出来事は、定期的に起こっています**。アメリカ同時多発テロやリーマンショック、日本ではバブル崩壊や、阪神淡路大震災、東日本大震災、数々の豪雨災害など。「想定外の出来事」は、用心していても避けられないのです。

そして、気候変動や人口増加が進み、新型コロナウイルスのような新たな感染症の発生も懸念される将来、「想定外の出来事」はますます増え、グローバル化によって、そのダメージは世界全体に拡大していくと言われています。

わが子のために親ができることとは?

予測不可能な時代において必要なのは、**変化に柔軟に適応しながら自分らしく生きる力**、そして、**困難があってもそのときのベストな道を見つけて乗り越える力**です。

予測不可能な時代には親は子どもを守りきれません。安全な道を用意するよりも、親がいなくなっても子どもが自立して生きられる力を育むのが親の役割なのです。

学力や知識は、人が生きていくうえで役に立ちますが、あくまでも人が生きていくための「道具」です。たとえその「道具」が使えない場面でも、子ども自身が強く生きられる力を持っていれば、時代や場所が変わっても、自分らしく生き抜くことができます。

私の母は厳しい一面もありましたが、私が困難に立ち向かうときには、「玲子ならできるって、お母さん知っているよ」といつも私を励ましてくれました。そのおかげで私は早いうちから自立して生きることができたと思っています。

これは、母から私へのギフトです。このギフトを自分の3人の子どもたちに残すために、私は日々、子どもを自立させることを重視して子育てをしています。

つぎのページからは、これからの時代に必要な力についてくわしくお話しするために、世界において日本の立ち位置がどのように変化してきたかを振り返ってみましょう。

平成の30年間で日本は世界で戦えない国になってしまった

2020年の世界の企業ランキング

つぎのページの右の表は、2020年の世界の時価総額ランキングです。時価総額は、上場企業の企業価値を測るものさしのようなもので、これを見れば世界で今、どの企業がもっとも優良とされているかがわかります。

ランキングを見ると、アップル、アマゾン、マイクロソフト、そしてグーグルの親会社であるアルファベットなど、シリコンバレーの企業が上位に入っています。また、サウジアラビアのサウジアラムコや、アリババなどの中国企業、韓国のサムスンもランクインしています。

日本企業はどうかというと、残念なことに、30位以内には1社も入っていません。50位まで見てみると、43位にトヨタ自動車がランクインしています。

［1989年］

順位	企業名	時価総額（億米ドル）	市場
1	日本電信電話（NTT）	1,639	日本
2	日本興業銀行	716	日本
3	住友銀行	696	日本
4	富士銀行	671	日本
5	第一勧業銀行	661	日本
6	IBM	647	米国
7	三菱銀行	593	日本
8	エクソン	549	米国
9	東京電力	545	日本
10	ロイヤル・ダッチ・シェル	544	英・蘭
11	トヨタ自動車	542	日本
12	ゼネラル・エレクトリック	494	米国
13	三和銀行	493	日本
14	野村証券	444	日本
15	新日本製鉄	415	日本
16	AT&T	381	米国
17	日立製作所	358	日本
18	松下電器産業	357	日本
19	フィリップ・モリス	321	米国
20	東芝	309	日本
21	関西電力	309	日本
22	日本長期信用銀行	309	日本
23	東海銀行	305	日本
24	三井銀行	297	日本
25	メルク	275	米国
26	日産自動車	270	日本
27	三菱重工業	267	日本
28	デュポン	261	米国
29	ゼネラル・モーターズ	253	米国
30	三菱信託銀行	247	日本

［2020年（7月末）］

順位	企業名	時価総額（億米ドル）	市場
1	アップル	18,173	米国
2	サウジアラムコ	17,595	サウジアラビア
3	アマゾン・ドット・コム	15,851	米国
4	マイクロソフト	15,514	米国
5	アルファベット	10,102	米国
6	フェイスブック	7,226	米国
7	アリババグループ	6,734	中国
8	テンセント	6,602	中国
9	バークシャー・ハサウェイ	4,757	米国
10	ジョンソン・エンド・ジョンソン	3,837	米国
11	台湾セミコンダクター（TSMC）	3,755	台湾
12	ビザ	3,698	米国
13	ウォルマート	3,664	米国
14	ネスレ	3,410	スイス
15	プロクター＆ギャンブル	3,246	米国
16	マスターカード	3,088	米国
17	貴州芽台酒	3,022	中国
18	ロシュ・ホールディング	2,982	スイス
19	JPモルガン・チェース	2,944	米国
20	サムスン電子	2,892	韓国
21	ユナイテッドヘルス・グループ	2,871	米国
22	ホーム・デポ	2,855	米国
23	テスラ	2,666	米国
24	エヌビディア	2,611	米国
25	中国工商銀行	2,430	中国
26	ベライゾン・コミュニケーションズ	2,378	米国
27	ペイパル	2,300	米国
28	LVMHモエヘネシー・ルイヴィトン	2,183	フランス
29	ネットフリックス	2,156	米国
30	バンク・オブ・アメリカ	2,155	米国
43	トヨタ自動車	1,916	日本

世界の時価総額ランキング

出典：1989年は『日経業界地図 2019年版』、2020年は三菱UFJモルガン・スタンレー証券ウェブサイトのデータをもとに作成（1000万ドル以下は四捨五入）

私はここで、「やっぱりシリコンバレーの企業はすごい」ということを言いたいわけではありません。私がみなさんに知っていただきたいのは、**世界の企業ランキング30位以内に日本企業が1社も入っていない**ということです。

日本が世界一だった時代

つぎに、前ページの左にある1989年の世界の時価総額ランキングを見てみましょう。上位30社中、日本企業は21社で、全体の7割を占めています。その隙間を埋めるようにアメリカやイギリスの企業がランクインしていました。

まさに、「ジャパン・アズ・ナンバーワン」と言われた、高度経済成長期からバブル景気までの日本の強さがわかるランキングです。

けれど、約30年後、日本企業は上位30位から消え去ってしまいました。2つの表を見比べてみると、2020年7月末に1位になったアップルと1989年に1位だったNTTの時価総額には11倍もの差があります。そして、1989年の30位以内にランクインしていた日本の銀行は、バブル崩壊以降に吸収合併され、当時の行名を残すものは一つもありません。

成長し続けたアメリカ・中国と停滞していた日本

この30年間は、ちょうど平成の30年間にあたります。この間、日本にいったい何が起きたのでしょうか。もちろん日本の企業も、この30年もの間になんの努力もしなかったわけではありません。**日本が世界の市場で戦えなくなったのは、アメリカや中国などの急速な成長に追いつけなかったから**なのです。

それは、国の経済力を示すＧＤＰ（国内総生産）にはっきりとあらわれています。日本は長年、世界のＧＤＰのランキングでアメリカに次いで2位をキープしていましたが、２０１０年頃には中国に抜かれ、3位になりました。

２０１９年のＧＤＰは、アメリカは21・４兆ドル、中国は14・３兆ドル、日本は5兆ドル（ドル換算）で、上位2か国と日本の間には大きな差があります。

実は、１９９５年の日本のＧＤＰは5・４兆ドルでした。つまり、**日本のＧＤＰはこの25年間、ほとんど変わっていない**ということです。

日本の産業そのものが衰退したわけではなくても、**ほかの国が成長するなかで停滞していれば、相対的に日本は後退することになってしまいます。**そして、世界における国の力が弱まれば、それは国の技術力や文化の遅れ、教育の遅れにもつながります。

日本人には高い技術力も知識もある。難問にぶつかっても挑み続ける粘り強さもある。日本の製品は、その性能の高さで世界から信頼も得ている。

それなのに、なぜ日本企業は世界トップの市場で戦えなくなってしまったのでしょうか。なぜ、日本にはアップルやグーグルのような、イノベーションを起こす企業がこの30年間に生まれなかったのでしょうか。

シリコンバレーの企業がどのようにして世界をリードするようになったのか、そして何が日本に足りなかったのかを振り返りながら、その答えを探ってみましょう。

日本でアップルやグーグルが生まれないのはなぜ？

イノベーションの聖地

私が住むシリコンバレーは、カリフォルニア州北部のサンフランシスコから車で45分ほど南に下ったところにある地域です。コンピュータの部品である半導体の産業がさかんだったことから、半導体の原料である「シリコン（silicon）」と「谷（valley）」と呼ばれる盆地の地形を合わせて、「シリコンバレー」と呼ばれるようになりました。

シリコンバレーには、GAFA《ガーファ》（IT業界のトップに君臨する巨大企業の頭文字をとった略称）と呼ばれるグーグル、アマゾン、フェイスブック、アップルのほか、ツイッターやインスタグラム、マイクロソフトやヤフーなど、誰もが知る世界的企業が集まっています。

また、ライドシェアや日本でも普及しつつあるウーバー・イーツなどのサービスを生み出したウーバー、自動運転車の産業をリードするテスラなど、今まさに世界を変えている企業もシリコンバレーで誕生しました。

これらの企業は、多くが数人のスタートアップから始まっていますが、**それまでにない製品やサービスによって世界を一変させる「イノベーション（革新）」を起こすことで、巨大企業へと成長を遂げています。**

もう一つ、シリコンバレーに欠かせない存在となっているのが、スタンフォード大学です。スタンフォード大学は、グーグルの共同創業者であるラリー・ペイジとセルゲイ・ブリンなど、多くの優れた人材を輩出しました。大学での研究と周辺企業の技術開発を結びつける「産学連携」を行うことで、シリコンバレーの発展とともに成長し、今では世界の大学ランキングで第2位（2020年9月現在）にランクインしています。

世の中を一変するような製品やサービスを生み出す企業群と、それを支える頭脳であるスタンフォード大学。この環境が数々のイノベーションを生み出し、**シリコンバレーは「イノベーションの聖地」とも呼ばれています。**

シリコンバレーのイノベーション

世界を変えたイノベーションとして思いつくのは、やはりiPhoneでしょう。

アップルが初めてiPhoneを発売したのは、2007年です。iPhoneは、カリスマ的経営者だったスティーブ・ジョブズのアイデアにより、それまで世界にあった携帯端末の「当たり前」を一変させました。

キーボードをなくして端末のほぼ全面をカラー表示が可能なディスプレイにし、表面のボタンはたった一つ。それなのに、メールも送れるし、ウェブサイトを見ることもできて音楽だって聴ける。ｉＰｈｏｎｅは世界に衝撃を与えました。

デザインの美しさも、ｉＰｈｏｎｅの特徴です。余計なものを省いてシンプルにし、角を丸くした美しいデザイン。その洗練されたデザイン性により、いつしか「ｉＰｈｏｎｅユーザー＝センスのいい人」というイメージができ上がっていきました。

翌年にはグーグルのＡｎｄｒｏｉｄも誕生し、スマートフォンは瞬く間に世界中の人々の手に渡りました。今ではスマートフォンは世界各地で「ライフライン」と呼ぶべき存在になっています。

また、グーグルは、設立当初は精度の高い検索エンジンを提供する会社でしたが、その後、さまざまな企業とのＭ＆Ａやパートナーシップを築くことで、今ではＧメール、グーグルマップ、グーグル・クロームなど、世界中の人に活用されるサービスを展開していきました。さらにＡｎｄｒｏｉｄやスマートスピーカーのグーグル・ホームなども私たちの生活に浸透しています。

毎日、世界中の人がグーグルが提供するサービスを使っており、今ではグーグルのない世界など考えられないくらいです。

ガラケーを生んだ日本のイノベーション

戦後から高度経済成長期の日本も、自動車やラジオなど海外の製品を手本に、それらに負けない製品をつくるイノベーションを起こしてきました。価格が安く、大量生産ができ、品質がいい「メイド・イン・ジャパン」の製品は世界を驚かせました。半導体産業でもアメリカとの競争に勝ち、80年代後半には世界の50％以上のシェアを獲得しました。

けれど、90年代以降、**日本はイノベーションの方向を見誤ってしまった**のです。

日本のイノベーションの誤算を象徴するのが、**「ガラケー（ガラパゴスケータイ）」**です。着メロ、着うた、ワンセグ、おサイフ携帯に赤外線通信など、30代以上の方は「あった、あった！」と、懐かしく感じるかもしれません。

日本の携帯電話産業は、国内のユーザーを満足させるため、つぎからつぎへと携帯電話に独自の新機能を追加していきました。けれど、それらの機能は、海外から見れば過剰で魅力的に感じられず、ガラケーは海外市場に進出できなくなってしまったのです。

そうしていつしか日本の携帯電話は、独自の進化を遂《と》げたガラパゴス諸島の生物にたとえて「ガラパゴスケータイ」と呼ばれるようになりました。

「足す」イノベーションと「捨てる」イノベーション

ガラケーは「進化した電話」で、スマートフォンは新たに誕生した「気軽に持ち運べるコンピュータ」と言えます。

世界を一変させたスマートフォンと、世界のニーズから外れて独自に進化してしまったガラケー。その違いを表すキーワードが、「破壊的イノベーション」です。

『日本のイノベーションのジレンマ』（翔泳社）の中で、著者である関西学院大学の玉田俊平太教授は、「スマートフォンは、欧米の携帯電話に対しては持続的イノベーションだったが、日本の携帯電話に対しては破壊的イノベーションだった」と分析しています。

「持続的イノベーション」と**「破壊的イノベーション」**は、ハーバード・ビジネス・スクールのクレイトン・クリステンセン教授が生み出した言葉です。

この2つのタイプのイノベーションは、それぞれどのようなものなのでしょうか。

『日本のイノベーションのジレンマ』では、持続的イノベーションは、「従来よりも優れた性能を実現して、既存顧客のさらなる満足向上を狙う」ものであり、一方の破壊的イノ

破壊的イノベーションと持続的イノベーション

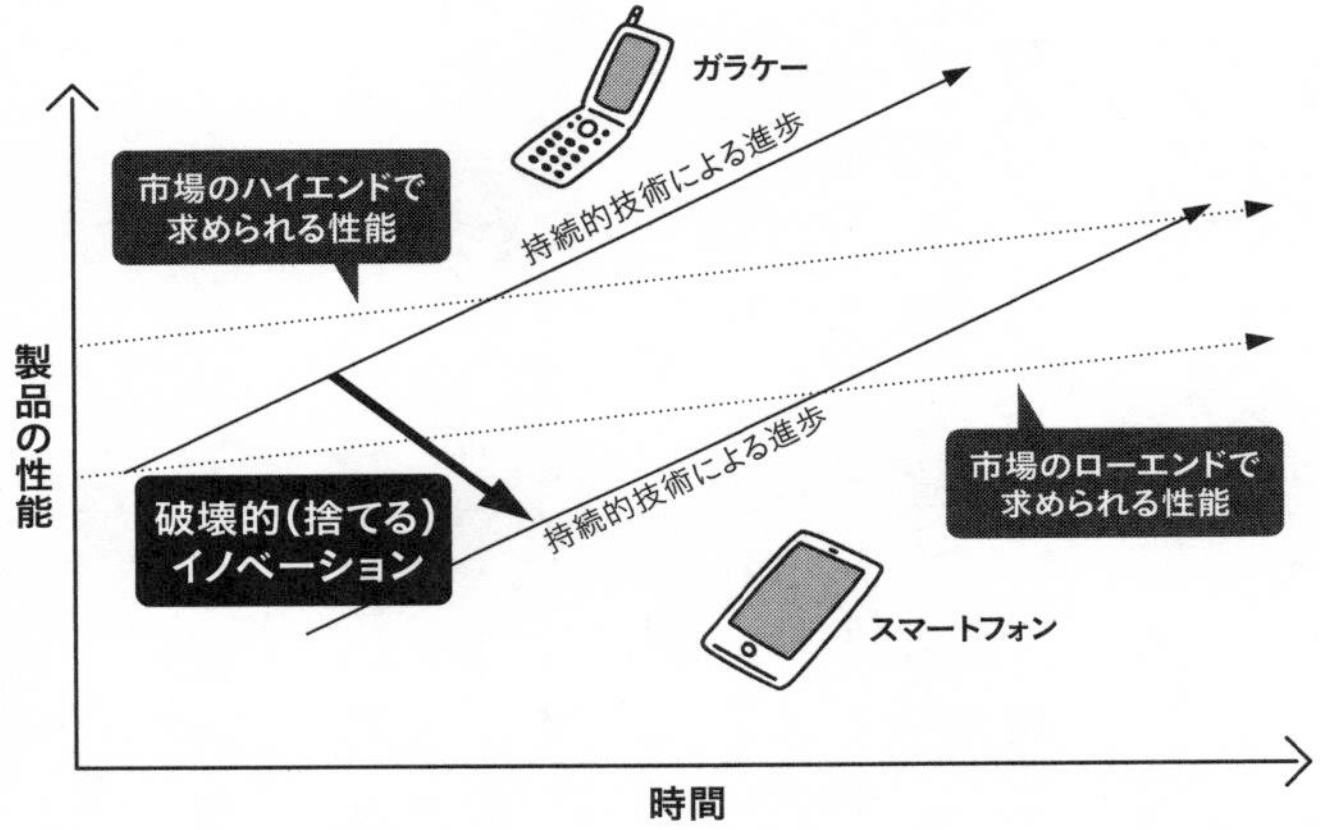

スマートフォンは機能を捨てることで「破壊的イノベーション」を起こした。
出典：『日本のイノベーションのジレンマ』（翔泳社）の図版をもとに作成

ベーションは「既存の主要顧客には性能が低すぎて魅力的に映らないが、新しい顧客やそれほど要求が厳しくない顧客にアピールする、シンプルで使い勝手が良く、安上がりな製品やサービスをもたらす」ものとしています。

言ってみれば、持続的イノベーションは「足す」イノベーションであり、破壊的イノベーションは「捨てる」イノベーションです。

日本がアップルやグーグルのような革新的な企業を生み出せなかったのは、**「守り」を重視する日本社会には既存のものを捨てて新しいものを生み出す「破壊的イノベーション」を起こす環境がなかったから**ではないでしょうか。

イノベーションを起こせる力を育てるために

多くの人がイノベーターになるべき時代

ここまで読んで、「別に、うちの子にスティーブ・ジョブズやマーク・ザッカーバーグのようになって欲しいわけじゃないし……」と思った方もいるかもしれません。

もちろん、みなが彼らのようになる必要はありません。けれど、**これからの時代は、誰もがイノベーターの資質を持っていなくてはならない**と私は考えています。

世界を変えるほどではなくても、なんらかのイノベーションを起こせる能力を多くの日本人が持たなければ、日本はさらに世界から取り残されてしまいます。

また、個人が自分の目標を実現するうえでも、イノベーションを起こす力は大きな助けとなるでしょう。

イノベーターに必要な3つのマインドセット

イノベーションについては、多くの研究が行われており、専門的知識やクリエイティブな思考力、モチベーションなどいくつかの要素が重要だとされています。

その中で、イノベーションの要となるのではないかと私が考えているのは「マインド」です。『世界を変えるSTEAM人材』(朝日新聞出版)で、著者のヤング吉原麻里子さんと木島里江さんは、「イノベーターのマインドセット」としてつぎの3つを挙げています。

❶ **型にはまらない**(think out of the box)
❷ **ひとまずやってみる**(give it a try)
❸ **失敗して、前進する**(fail forward)

まず、既存の価値観や常識といった「箱」から飛び出して、それまでの「当たり前」を捨てて考えることです。先ほどご紹介した「破壊的イノベーション」がよい例です。

また、アイデアを形にする実行力もイノベーションに欠かせません。たとえ不完全でも、たたき台となるプロトタイプを出して、ユーザーの反応や不具合をもとに改良し、アップ

イノベーターのマインドセット

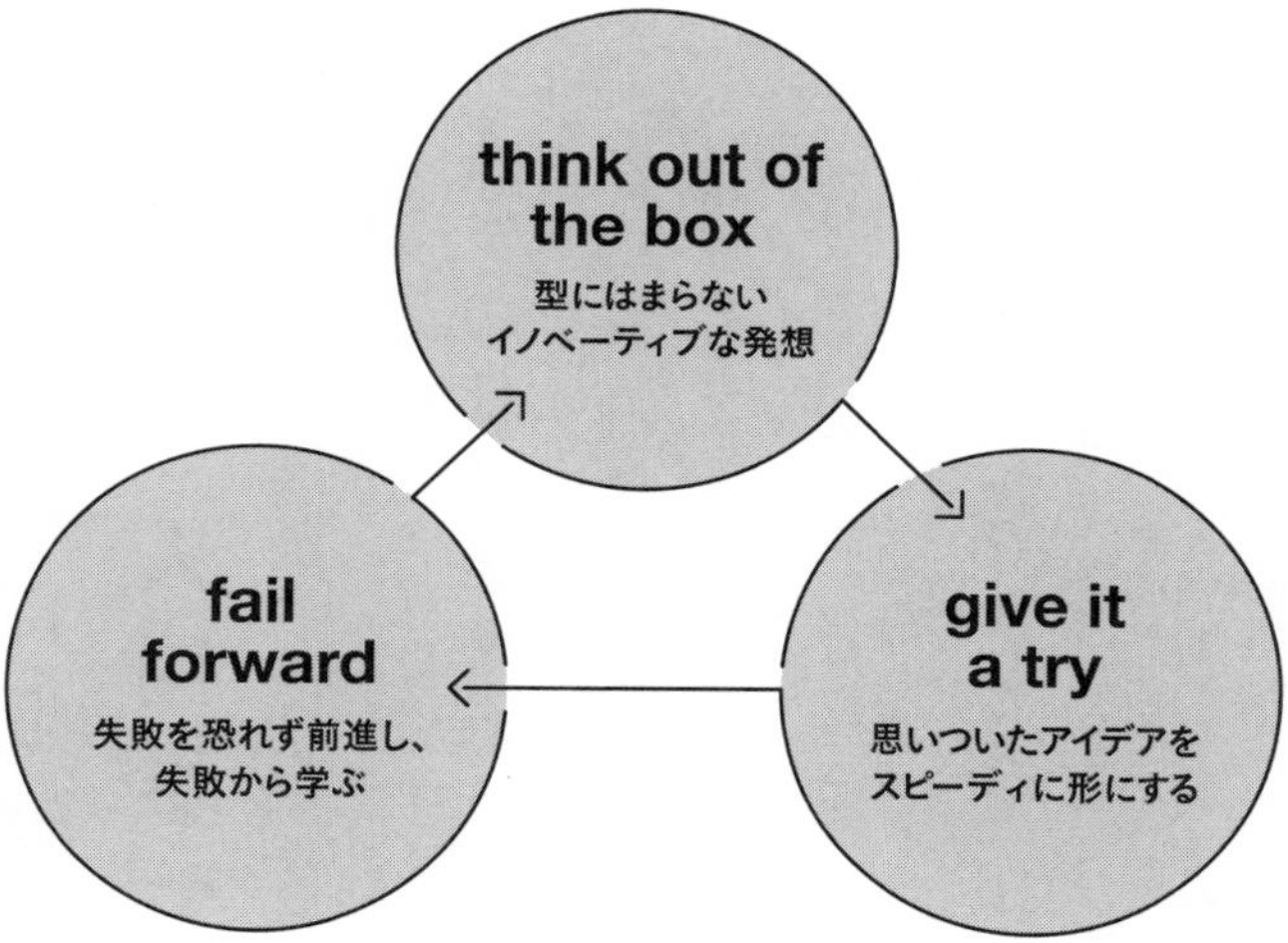
think out of the box
型にはまらない
イノベーティブな発想
give it a try
思いついたアイデアを
スピーディに形にする
fail forward
失敗を恐れず前進し、
失敗から学ぶ

グレードしていきます。

シリコンバレーでは失敗が歓迎されています。失敗したらそこから学び、改善すればいいのです。グーグルでは、失敗や挫折を経験したことのない人は採用しないそうです。

この3つのマインドセットは、「やりたいことがあったら失敗を恐れずにとにかくやってみる」という、私自身の生き方に通じるところもあります。

また、**幼児期の子どもはイノベーターのマインドセットをすでに持っている**とも言えます。子どもには、自由な発想や行動力があり、毎日「失敗して、前進する」ことで成長しています。大人の役割は、それらが実を結ぶように励ますことです。

AI時代に活躍するのは「豊かな人間性」のある人

AIに仕事を奪われる？

「AIに負けない子に育てるために、どんな力を身につけさせたらいいでしょうか？」日本の親御さんからこんな質問を受けたことがあります。正直なところ、私は最初、この質問にピンときませんでした。

どうやらこの方は、「20年後には、多くの仕事がAIに奪われる」「AIに負けない子どもを育てる」といった情報を目にして、子どもの将来が心配になったようです。

たしかに、今の時代、AI（人工知能）が多くの分野に活用されて、スマートフォンやスマート家電など、AIを搭載した機器は身近な存在になっています。AIがいっそう普及するこれからの時代、人間に求められる能力は今までとは変わるかもしれません。

「AIに仕事を奪われる」というのは、オックスフォード大学のマイケル・オズボーン教授らが２０１３年に発表した論文「雇用の未来（The future of employment）」がもとになっています。その論文によると、ＡＩやコンピューターの普及により、**「10年または20年後には、アメリカの総雇用の47％の仕事が自動化される可能性がある」**とされています。

また、同じオックスフォード大学のチームと野村総合研究所が行った共同研究では、**「２０２５〜２０３５年頃には、日本の労働人口の約49％が就いている職業が、技術的にはＡＩやロボットで代替できるようになる可能性が高い」**と予測されています。

「雇用の未来」でオズボーン教授らが算出した自動化可能な確率を見ると、会計士や料理人などの専門職も自動化できる可能性が高いとされています。実際に、マーケティングや財務、医療などの分野でもＡＩが活用されるようになってきました。

ＡＩを利用し、ＡＩにはない力を伸ばす

そう聞くと、わが子が将来、職を失ってしまうのではないかとますます心配になるかもしれませんが、私はそれほどＡＩを恐れる必要はないと思っています。

素早く正確に計算をする力や、膨大な情報をもとに解析・学習する力は、ＡＩのほうが格段に優れています。そこでＡＩに勝つのは無理ですし、その必要もないでしょう。

ＡＩは未来を生きる子どもたちの敵ではありません。世の中をもっと便利にし、不可

能なことを可能にして、子どもたちの夢をかなえやすくしてくれる頼もしい存在です。素早く間違いなく仕事をこなし、不平不満も言わずに日夜働いてくれる優秀な相棒です。ＡＩにできる仕事はＡＩにまかせ、人間はそれ以外の仕事に集中すればいいのです。

冒頭の質問に答えると、**ＡＩ時代に必要なのは、「ＡＩに負けない力、勝つ力」ではなく、「ＡＩにはない人間だけが持っている能力」**だと私は考えます。

では、具体的にはどんな力が求められるのかというと、野村総合研究所のレポートでは、**「抽象的な概念を整理・創出するための知識が要求される職業、他者との協調や、他者の理解、説得、ネゴシエーション、サービス志向性が求められる職業は、人工知能等での代替は難しい傾向がある」**とされています。

オズボーン教授らの研究チームも、教師やインテリアデザイナーなどは、「自動化できる可能性が低い」と分析しています。教育はまさしく人にしかできないものであり、だからこそ私は学校づくりにやりがいを感じています。

それらを踏まえて、私が考える人間にしかない力とは、**「豊かな感性と自由な発想力」「新たな価値を創造する実行力」「他人に共感し、感動を生み出す力」**です。

それは、ひと言であらわせば**「豊かな人間性」**と言えるのではないでしょうか。

1章のポイント

- 子育てで大切なのは、「環境を整える」「意欲を育む」「自立させる」「社会性や豊かな人間性を育てる」
- 親の役割は、子どもが育つための「土づくり」をすること
- 日本に足りないのは、既存のものを「捨てる」イノベーション
- 型にはまらない発想力、「ひとまずやってみる」行動力、失敗から学ぶマインドが必要
- AIに勝つのではなく、AIにはない「豊かな人間性」を持つ人が強い

「自ら学ぶ子」を育てる親の姿勢

「子育ては自分育て」とも言われます。子どもに才能を伸ばし、成長してほしいなら、親自身も成長する努力をするべき。子どもに学びの大切さを伝えたいなら、まず親が学ぶべき。私はそう考えています。私が考える親のあるべき姿はつぎの4つです。

◯日々学ぶ

子どもは小さくても親をよく見ています。親がまったく本を読まず、ものごとに関心を持たなかったら、子どもにいろんなことに興味を持つように言っても響かないでしょう。**子どもに親が好奇心や関心を持って学ぶ姿勢を見せることは、子どもの学びの動機づけにもなります**。仕事や家事の合間、休日のほんのわずかな時間でもいいのです。本を読んだり、関心を持ったことについて調べてみましょう。

◯学びに対して謙虚でいる

日々学ぶ姿勢を子どもに見せることは必要ですが、親は完璧である必要はありません。

むしろ、**「知らない」「できない」と謙虚に言える姿勢を見せること**が大切です。

たとえば、私は最近ピアノでボサノバを弾いてみました。慣れないジャンルの曲に悪戦苦闘する私の姿を見て、子どもたちは「ママもこんなに練習するんだ」と驚いたようです。

できないこと、わからないことは恥ずかしいことではありません。それを親が身をもって伝えれば、子どもも苦手なことにチャレンジできるようになります。

◯自己肯定感を持つ

自己肯定感は人が日々成長するために欠かすことのできないものです。親が自分をどう捉えているかは子どもの自己意識にも影響します。ですから、**子どもの自己肯定感を高めるためには、親自身が自己肯定感を持つことも大切です。**

自己肯定感とはいいときも悪いときも「自分を好き」と思えること、どんな自分もありのまま受け入れることです。自己肯定感については、第3章でくわしくご説明しています。

◯「自分の軸」を大切にする

「誰かのため」や「人がこう言うから」ではなく、「自分の心の声」に従ってみましょう。

家事や育児、仕事で毎日忙しく、自分のことは後回しになっている方は多いと思います。

けれど、親が精神的に充実していないと、子どもにもいい影響はありません。

実は、これは自戒を込めたみなさんへの提案です。あるとき、私はイライラと怒りながらラーメンをつくって子どもたちに食べさせました。すると、ひと口食べた長男が「ママが怒っている味がする」と言ったのです。「食べただけでわかるの？」と驚いたのですが、もっと驚いたのはそのあとです。なんと、そのラーメンを食べた長男がお腹を壊してしまったのです！　それ以来、私は自分の心を安定させることを意識しています。

気持ちを安定させるために、「自分の軸をつくること」「自分の心が満たされること」を5つ考え、できるだけ毎日、実行してみましょう。

私にとっては、「一人でゆったりとお風呂に入ること」「朝、一人で散歩をすること」「月に1回、美容院に行くこと」「ティータイムを楽しむこと」「美容にお金をかけること」が自分の心を満たすことです。

私がこれらの習慣を始めたのは1年前くらいで、それまではお風呂は子どもと一緒にバタバタと入っていましたし、化粧品にもそれほど気を遣っていませんでした。1年続けた今では、自分の心が以前より安定しているのを実感します。

みなさんも少し家事や育児の手を抜いて、一日に15分でもいいから自分の心が満たされる時間をつくってみましょう。

第2章

子どもを世界一幸せにする幼児期の教育

小学校入学までに「学びの土台」をつくる

5歳までに脳の9割が完成する

第1章では、子どもの教育をするうえで大切な考え方と、今後、世界でどのような力が求められるかについてお話ししました。第2章ではもう少し具体的に幼児期の教育についてお話ししていきます。

人間の脳は、5歳までに9割完成すると言われています。

脳は3〜4歳頃に大きく成長し、5歳には子どもの脳の体積が大人の脳の体積の約90％まで成長することが、さまざまな研究でわかっています。

この時期は、体積だけでなく脳の機能も大きく成長します。見る・聞く・触れるといった五感を通した刺激を受けたとき、脳内では神経細胞が互いに電気信号を送り合います。

このやりとりが脳の回路をつくり、その回路が枝分かれしながらつながって複雑な回路をつくることで、脳の構造や機能ができていきます。子どもは日々の経験を通して、この回路の「つながり」をつくっているのです。

回路の「つながり」は、くり返し使われることによって強化され、使われないものは弱くなっていきます。**幼児期は、回路の「つながり」をつくり、くり返し使うことで、感情や思考、言語、視覚、記憶、運動能力などを担当する脳の各エリアを鍛えていきます。さらに、言葉と感情、記憶と運動など、エリア同士が交流することで脳がより発達し、できることが増えてきます。**

このことからわかるように、幼児期は子どもの脳の成長にとってとても大切な時期なのです。だからといって、「それなら、早いうちからいろいろと勉強させなきゃ」と前のめりにならないでください。9割完成するということは、まだできあがっていないということです。

また、この時期にもっとも成長するのは、脳の内側にある**「大脳辺縁系《だいのうへんえんけい》」**という部分だと言われています。大脳辺縁系は人間だけでなく動物にもある脳で、人間の脳では、「古い脳」と呼ばれる脳の中心エリアに近いところにあります。食事や睡眠など本能的な欲求や記憶のほか、情動（喜び、悲しみ、怒り、不安など）にも関係しています。

そのため、幼児期には「やってみたい」とか「好き」という気持ちを大切にしながらものごとに取り組むことが大切なのです。一方、言語や計算、思考や想像、作業記憶など、勉強に必要な「大脳新皮質《だいのうしんひしつ》」は1歳頃から大人になるまでにゆっくり発達します。

年齢別の幼児教育のポイント

第1章で、親の役割は子どもが成長するための「土づくり」をすることだとお話ししました。その中でも幼児期は、種をまき、芽が出て、自由に若葉を伸ばす時期です。どの方向に、どのくらい育つかは子どもによって大きく異なります。

それでも、幼児期の子育てにおいて、どの子どもにとっても大切な親の役割があります。キーワードとなるのは、**安心・安全な関係づくり、自由な遊び、好奇心や意欲、規則正しい生活習慣**です。具体的に、年齢で大きく分けてご説明しましょう。

●0〜2歳頃

この時期に何よりも大切なのは、子どもと親の信頼関係です。**「親は100%信じられる」「ここにいれば安心」という「安心・安全な基地」をつくってあげる**ことです。これは、発達心理学でいうと「アタッチメント（愛着）」です。

子どもは「何があってもここに戻って来れば大丈夫」という親に対する安心感を持つことで、やがて外の世界や他者への興味を広げていきます。

アタッチメントを育《はぐく》むためには、抱っこをする、手や頬に触れるなどの**ボディタッチ**がおすすめです。ボディタッチによって、子どもは親の愛情を肌で実感していきます。

小さいうちから保育園に預けている方はどうしても子どもと関わる時間が少なくなりますが、**時間がとれないなら「量より質」を意識しましょう。**

私自身、現在2歳の長女が生後3か月の頃からデイケア（日本でいう保育園）に預けているので、平日は2時間くらいしか関われない日もあります。その代わり、長女が寝る前にぎゅっと抱っこして、「ママはあなたが大好きよ、パパも大好きよ、お兄ちゃんたちも大好きよ、（デイケアの）○○先生も、おじいちゃんも、おばあちゃんも……（飼っている犬や猫、お気に入りのぬいぐるみなど、どんどん続きます）」と、娘がみんなに愛されているということを、言葉にして毎日伝えています。娘も気に入っているようで、一人遊びしているときに自分でおまじないのようにつぶやいています。

●3～4歳頃

家庭で育てられていた子も幼稚園などに通うことで初めての社会生活が始まり、子どもの世界が広がる時期です。

この時期の子どもは、五感を通して身の回りのあらゆるものから学びます。**子どもの「やってみたい」「見てみたい」「触ってみたい」という気持ちを尊重し、のびのびと遊ばせましょう。**世界に対する興味を広げるために、たくさんの体験をさせることも大切です。

また、**早寝早起きを心がけながら、着替え、食事、トイレ、歯磨き、お風呂などの日々のルーティンを崩さず、規則正しい生活を送る**ことも大切です。規則正しい生活は、安心感や自己肯定感、意志力（それぞれ第3章、第5章を参照）のベースを養います。

●5〜6歳頃

好奇心や学ぶことの楽しさ、何かに取り組む意欲を育む時期です。子どもの世界を広げるための**「学びの窓」**を用意してあげるのが親や保育者の役割です。文字や数に親しむことも、その一つとなります。

この時期から、あるいはもっと早い4歳くらいから、小学校入学を見据えて読み書きや算数などの「先取り学習」に力を入れる方もいますが、やり過ぎは逆効果です。**遊びより勉強を優先したアンバランスな育て方をしてしまうと、この時期に身につけるべき大事な能力を伸ばすチャンスを奪ってしまうことになります。**

学びにおいて大切なのは「子どもの意思」を尊重すること

主体性を重んじる教育

子どもの教育において忘れてはならないのは、**「子どもの意思を尊重する」**ことです。

第1章でご説明したように、これからの時代は、自分で考えたり、創意工夫をしたり、自分で判断して行動することが求められます。そのためには、子ども自身が自ら考えて動く**「主体性」**がなくてはなりません。**主体性がないまま大人になり、「教えられていないからわからない」「指示がないからできない」**という**「指示待ち人間」**にならないよう、**小さいうちから子どもの主体性を伸ばすことを意識しましょう。**

主体性を重んじる教育を実践しているのが、モンテッソーリ教育とレッジョ・エミリア教育です。この2つの教育法は、アプローチは異なりますが、子どもの意思を尊重するという点では似ています。

モンテッソーリ教育は、日本でもとても人気のある教育法なので、みなさんご存じだと思います。モンテッソーリ教育では、**「自立していること」「自ら学ぶこと」**を重視します。保育者が一方的に教えるのではなく、子どもの発達の段階を理解したうえで、子どもが「やってみたい」と思えるような「環境」を用意します。モンテッソーリ教育の特徴である「おしごと」をするための教具も、その環境づくりの大きな要素です。

保育者は、一人ひとりの子どもの興味や関心を見極め、必要に応じてその子に合った活動をさりげなく「提示」することで子どもを最適な環境に結びつけます。**子どもは、自分で選んだ活動に満足いくまでくり返し取り組みながら、その時期に必要なさまざまな能力を身につけていきます。**

モンテッソーリ教育については133ページでもご説明します。

レッジョ・エミリア教育は、グーグルやディズニーの社内保育園が採用している、近年話題になっている教育法です。

レッジョ・エミリア教育のカリキュラムは**「子ども主体」**でつくられます。学び方、学ぶ場所や時間もさまざまで、保育者が子どもの活動を注意深く観察・記録し、**「子どもの可能性を伸ばす」**ことを最優先して組み立てていきます。

学ぶ内容も**子どもの興味や関心がどこにあるか**で決まります。保育者はそれを注意深く観察することで見極め、子どもたちがやりたいことをできる環境、知りたいことを徹底的に調べられる環境を用意するのです。

レッジョ・エミリア教育については182ページでくわしくご紹介します。

私はモンテッソーリ教育の国際免許を持ち、そら幼稚園をつくる前はモンテッソーリ教育の幼稚園に勤めていました。レッジョ・エミリア教育については、イタリア現地のレッジョ・エミリアにある幼稚園のほか、レッジョ・エミリアから認められたカリフォルニア州サンタモニカの4つのレッジョ・エミリア教育の幼稚園を視察し、シンガポールのレッジョ・エミリア教育の幼稚園も見学しています。それらの経験と学びを生かして、そのほかの教育法とともに、自身の幼稚園にこの2つの教育法のよさを取り入れています。

ヘリコプター・ペアレントになっていませんか？

子どもに対して過保護になったり、子どもの遊びや勉強だけでなく、お友だちとのつき合いまで干渉したりする親を**「ヘリコプター・ペアレント」**と呼びます。

ヘリコプター・ペアレントは、子どもが困ったらすぐに救出するために、子どもの頭上をホバリングするようにして待機しています。子どもが傷ついたり、がっかりしたり、不快な思いをしたりすることがない、つねに安全で快適な世界をつくろうとしているのです。

- **子どもが困っていたらすぐに手を貸し、問題を解決する**
- **子どもが失敗しないように先回りする**
- **怪我をしそうな遊びはさせない（ジャングルジムやうんていなど）**
- **子どもにとってよくないと思う遊びやお友だちは遠ざける**
- **子どもがお友だちとケンカをしたら、親が解決する**
- **大事なことは判断を間違えないように親が決める**

これらに思い当たることがあれば、あなたもヘリコプター・ペアレントかもしれません。「子どもは親がきちんと育てるべき」「親の顔が見てみたい」という文化の日本には、このタイプの子育てをしている方が多いと感じます。「子どものため」という親心が、自分でも気づかないうちに過保護になることもあるでしょう。

けれど、あれこれと手を焼き、口を出すことは、暗に「あなたには、それをする力がない」「私はあなたの力を信じていない」というメッセージを送ることになり、子どもの自己肯定感を低下させます。

また、親がなんでも先回りしてしまうと、レジリエンス（困難やストレスに適応し回復する力）を育てることも難しくなります。

「子どもはまだわからない、できないことが多いから、親がやってあげるべき」と考える方もいますが、子どもは大人が思う以上に力があります。なんでもかんでも親がやってあげるから、「わからない」「できない」子に育ってしまうのです。**親が子どもを信じてあげれば、子どもは力を発揮することができる**のです。

もちろん、命に関わるようなことや社会や家庭内のルールは親が管理する必要がありま す。また、親がまったく手を貸さずに放置するのも適切な幼児期の子育てとは言えません。環境を整えなければ、子どもの才能を最大限に伸ばすことは難しいでしょう。

ポイントは、**子どもをよく観察して、子どもが何を欲しているか、親の助けを必要としているかを見極める**ことです。

アジアに多いタイガー・マザー

もう一つ、アジア圏の親がなりやすいのが**「タイガー・マザー」**です。日本でも『タイガー・マザー』（朝日出版社）という本が話題になったようです。

この本には、中国人の母親が2人の娘を超管理教育で育てる様子が描かれています。テレビやゲームはおろか、お友だちを家に呼んで遊ぶことも禁じ、成績はオールA以外は認めない、バイオリンとピアノ以外の楽器は認めないなど、かなり強烈です。

今はだいぶ変わったように思いますが、チャイニーズの子育ては「タイガー・マザー」の傾向があります。子どもの進路も就職も親が決める。幼い頃から習い事や塾にたくさん通わせる。親は子どもの教育のために働き、子どもはそれに感謝して従うべき。親の言うことに間違いはない。すべて親の言う通りにするのが当たり前の子育てなのです。

東洋の教育には儒教の考え方が影響しています。儒教には、親や年配者を敬う、知識や知恵を尊ぶ、人を愛して思いやるというすばらしい教えがあります。その価値観がいつしか、「知識偏重」で「親の期待通りに育てば親孝行」という極端な解釈になったのかもしれません。

一方、西洋では「子どもの自立や主体性」を重んじています。西洋では、できることをほめて伸ばし、できないことは指摘はしても責めません。できないことを責めてばかりいると、子どもの自尊心を傷つけ、パフォーマンスが下がりますし、何より主体性が育たなくなるからです。

幼児期は「遊びが学び」先取り学習では能力を伸ばせない

早期教育のメリットは3年しか続かない

幼児期に勉強中心の生活を送った子どもたちがその後どのように育つかについて、ボストンカレッジのピーター・グレイ教授の興味深い調査があります。

早期教育に関するさまざまな研究を分析した結果、早期教育に力を入れて育てられた子どもたちは、自由に遊んでいた子どもたちに比べて、特定分野のテストにおいてより高い得点をとることができるとわかりました。けれど、**その効果は1～3年以内になくなり、その後はテストの結果が逆転した**そうです。

これは、早期教育が思ったほど有益ではないということだけでなく、長期的に見ると早期教育が弊害を引き起こす可能性がある証拠であるとグレイ教授は指摘しています。**その弊害は、特に社会的・感情的な発達の領域に見られる**とされています。

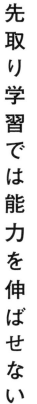

1970年代に行われた、遊びを重視した幼稚園の卒園生と勉強を重視した幼稚園の卒園生との大規模な比較調査でも、**勉強を重視した幼稚園の卒園生は、最初は学力におけるメリットが確認できたものの、小学4年生になる頃には、比較されたすべての尺度で遊び重視の幼稚園に通っていた子どもたちよりも大幅に成績が悪くなった**という結果が出ました。特に、読書や数学における能力の向上がより少なく、社会的・感情的な調整もうまくできていなかったそうです。

遊ぶ子ほど語彙力が伸びる

もう一つ、日本での研究をご紹介しましょう。

お茶の水女子大学の内田伸子名誉教授らの研究チームが、決められた時間に先取り準備教育を行う「一斉保育型」と子ども中心で遊びの時間を多く取っている「自由保育型」の幼稚園や保育園の園児たちを対象に、読み書きの力や語彙《ごい》力にどのような差があるのかを調査しました。

調査の結果、どちらの保育型でも読み書きの得点には差がないものの、**語彙については「自由保育型」の園児のほうが得点が高いという結果になりました。しかも、その差は3**

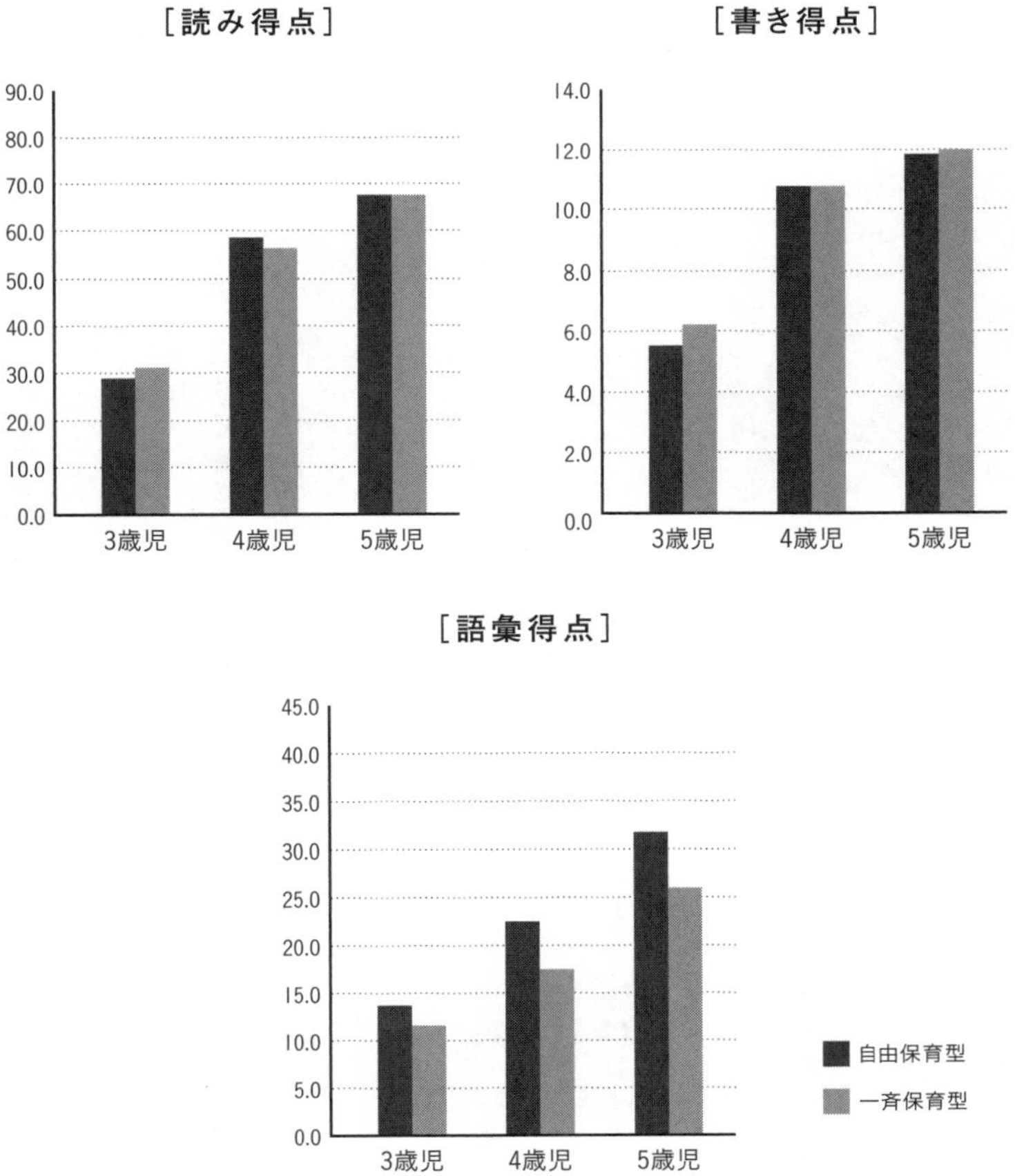

保育形態による語彙力の差

自由遊びの時間が長い、自由保育型の幼稚園や保育園の
子どものほうが、語彙得点が高いという結果になった。

出典:『世界の子育て格差　子どもの貧困は超えられるか――お茶の水女子大学グローバルCOEプログラム 格差センシティブな人間発達科学の創成　2巻――』(金子書房)の図版をもとに作成

歳よりも4歳、4歳よりも5歳と年齢が上がるほど開いていったのです。

読み書きや算数などの早期教育をしっかり行っていた園児のほうが語彙力が低いのはなぜでしょうか。この研究チームでは、**「知りたい」「やってみたい」という子どもの能動的な行動、ペーパー上ではなく直接触れて感じる体験、遊びを通した試行錯誤、お友だちとのやりとり**などがより強く語彙を脳に植えつけた背景があると見ています。

幼児期に育てるべき力とは？

なぜ小学校に上がる前に先取り学習をするよりも、遊びや能動的な活動をしたほうがよいのでしょうか。それは、「この時期にこそ身につけたい力」があるからです。

その力とは、**主体性や探究心、「非認知能力」**（↓68ページ）**と呼ばれる自尊心や忍耐力、社会的スキル、他者への思いやり**などです。

なかでも、社会的スキルは、何で遊ぶかお友だちと相談したり、おもちゃの取り合いでケンカをしたりしながら育まれるもので、与えられたタスクを達成するだけの学習では育てられない力です。

そら幼稚園でも、遊びの時間をバランスよく取り入れるため、「フリーワークタイム」

という子どもが自分の意思で活動に取り組む時間を設けています。

教室内をエリア分けして、それぞれのエリアにワークを設定しています。ごっこ遊びをするソーシャルエリア、ブロック遊びをするクリエイティブエリア、モンテッソーリ教育の教具で指先の筋肉や集中力を鍛えるエリア、お絵かきなどをするアートのエリア、数字や文字をさまざまな形で学ぶラーニングエリア、日本語と英語の本を自由に読めるライブラリー、少しお休みしたい子がほっとしてくつろげるソファなど、「フリーワークタイム」は子どもたちが自分で取り組みたいエリアを選んでワークをします。

「将来のために、今は遊びを我慢させる」という方もいますが、それはかえって子どもの将来のためにならないのです。

小学校入学前と後では子どもを取り巻く環境は大きく変わります。小学校に入ると、学習する教科が増え、習い事に通う子も多くなり、幼児期に比べて自由に遊べる時間が少なくなります。**主体性を育て、好奇心や探究心の基礎を育み、社会的スキルを身につけるのにベストな時期は小学校入学前までなのです。**ですから、先取り学習に熱心な親御さんを目にするたびに、私は「今、必要なことをやらせてあげなくて、いったいいつやるの？」と歯がゆい思いをしています。

6歳までは、勉強は「ほどほど」でいい

もちろん、読み書きや計算などの勉強も、子どもの世界を広げるために必要なものです。そら幼稚園でも、15分くらいの「ラーニングテーブルタイム」を設けています。ラーニングテーブルタイムは、**「学びの窓」**を開く時間です。文字が書けるとお友だちや家族に手紙が書ける。文字を読めると外遊びで見つけた花や昆虫の名前を図鑑で調べられる。そういう**学ぶ意欲、学ぶための好奇心を養い、子どもの世界を広げるための時間**です。ただし、何歳までにこれを習得すべきというルールはありません。

ラーニングテーブルタイムは、日本の年長にあたるキンダーガーデンに行く前の準備をする時間でもあります。落ち着いて座り、先生の話を聞き、指示を理解できるようにするには、一日15分くらい、何かに集中的に取り組む時間を持つことが大切です。

また、文字を書くことで、「ファインモータースキル」を鍛えることもできます。ファインモータースキルは、鉛筆を持つ、はさみを使う、小さいものをつまむ、箸を使うなど、指先の細かい筋肉を動かすための運動能力です。このスキルを鍛えることは脳の発達にもよいとされています。

モンテッソーリ教育でも、特に親指・人差し指・中指の「三指」のファインモータース

キルを鍛えることを重視しており、そのためにものを洗濯ばさみやトングでつかむ動作や、水を別の容器に移すあけ移しなどの「おしごと」が設定されています。そら幼稚園でも、モンテッソーリ教育の「おしごと」でファインモータースキルを鍛えています。

子どもが興味を示すようなら、4歳くらいからおうちでも一日に15〜30分くらい、読み書きや計算をさせてもいいと思います。ただし、子どもが乗り気でないのに無理にやらせたり、一日に4時間も5時間も勉強させたり、その日のノルマを終えるために睡眠を削って深夜まで勉強させたりするのは、子どもにとってはむしろ害になります。

6歳までは「脳の基礎体力」を育てる時期です。基礎体力ができていないのに、あれもこれも覚えさせ、何時間も勉強させ、さらにその結果を出せと求めるのは無茶というものです。

小さいうちから無理に勉強をさせたがために子どもが勉強嫌いになってしまったら、本末転倒です。

点数では測れない「非認知能力」を伸ばす

数字であらわせない「生きるための力」

これからの教育で重視すべき力として注目されているものの一つが「非認知能力」です。日本でも話題になっているので、気になっている方も多いのではないでしょうか。

「非認知能力」は、興味や関心、意欲、協調性、粘り強さ、忍耐力、計画性、自制心、創造性、コミュニケーション能力などの「数字であらわせない能力」です。非認知能力と対になる「認知能力」は、テストの点数やＩＱなどの「数字であらわせる能力」です。ひと言で言えば、**認知能力は点数で測れる「学力」、非認知能力は点数で測れない「生きるための力」**です。

ＯＥＣＤ（経済協力開発機構）では、非認知能力を**「社会情動的スキル」**という言葉であらわし、**「個人が21世紀の課題に対処し、もたらされる機会から恩恵を受けるのに役立つ」**

スキルであるとしています。具体的には、大きく3つの力に分かれます。

- ▼**目標を達成する力**（忍耐力、意欲、自己制御、自己効力感）
- ▼**他者と協働する力**（社会的スキル、協調性、信頼、共感）
- ▼**情動を制御する力**（自尊心、自信、内在化・外在化問題行動のリスクの低さ）

近年、非認知能力を養うことが、子どもの学習面や大人になってからの人生によい影響があることがわかり、非認知能力を高めることを重視する幼稚園や学校が増えました。

学歴は高いのに人とのコミュニケーションが得意でないために仕事がうまくいかない人や、知識は豊富なのに実行力がなくてそれを生かしきれない人がいることを考えると、非認知能力が人生において重要であることは理解できるかと思います。

2020年度からスタートした日本の『新学習指導要領』でも、**「学びに向かう力、人間性」「思考力、判断力、表現力」「知識および技能」**の3種類の力をバランスよく育てることが目標とされています。

非認知能力が大人になってからの人生を決める

「非認知能力」はノーベル経済学賞を受賞したシカゴ大学のジェームズ・ヘックマン教授の『幼児教育の経済学』（東洋経済新報社）により注目されるようになりました。

ヘックマン教授は、就学前（小学校入学前）の教育の重要性を分析するために1960年代に行われた「ペリー就学前プロジェクト」について研究しました。

「ペリー就学前プロジェクト」は、1962年から1967年の間に、ミシガン州のアフリカ系の低所得者層の子ども（3～4歳）123人を対象に行われました。この就学前教育は30週間行われ、その後、就学前教育を受けた子と受けなかった子を40歳になるまで追跡調査しました。

就学前教育を受けた子どもたちは、**最初はＩＱが高くなったものの、次第にその効果が薄れ、4年後の8歳頃には就学前教育を受けていない子たちとの差が見られなくなりました。**かたや、学習に対する意欲などの「非認知能力」はその後も伸び、**14歳の時点では、就学前教育を受けた子のほうが継続して学校に通っている率が高く、基礎学力における教育的効果は、就学前教育を受けていない子よりも34％高くなりました。また、留年や休学**

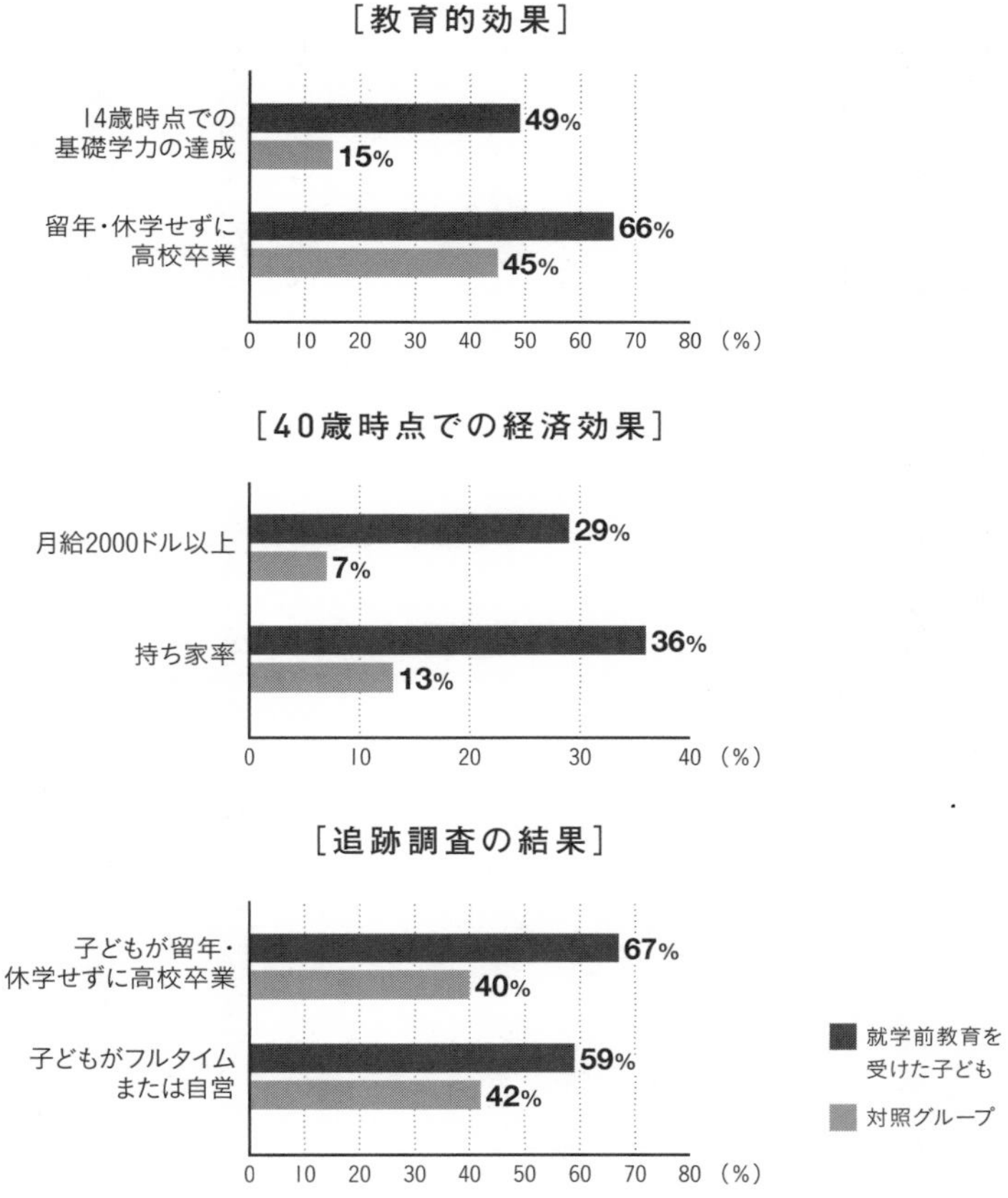

ペリー就学前プロジェクトの効果

就学前教育を受けた子どもたちは、そうでない子どもたちに比べて非認知能力の伸びが見られ、学歴や収入、持ち家率などが高くなった。また、その効果がつぎの世代にも受け継がれた。

出典：『幼児教育の経済学』（東洋経済新報社）および公式ウェブサイト（https://heckmanequation.org/）より抜粋して作成

をせずに高校を卒業した子どもの割合も、21％多かったのです。そして40歳時の最終的な追跡調査の結果、**就学前教育を受けた参加者のほうが、月給2000ドル以上の収入がある人は22％、持ち家率は23％、それぞれより高い結果が出た**のです。

また、さらなる追跡調査では、**就学前教育を受けた参加者の子どもは、就学前教育を受けなかった人たちの子どもよりも高校を卒業した割合が27％高く、フルタイムまたは自営で働く子ども世代の割合も17％高い**という結果になり、その効果がつぎの世代にも受け継がれていることがわかりました。

実は、このプロジェクトで教師たちは、子どもの年齢に合わせながら、**「非認知的特質」**を育てることに重点を置いており、その指導内容は子どもの自発性を重視したものだったのです。

この研究からわかることは2つあります。

- **就学前教育がその後の人生に大きな影響を与える**
- **就学前教育によるＩＱの伸びは短期的で、非認知能力は長期的に伸びた。その結果、40歳時点での人生に明らかな違いがあった**

非認知能力は、幼児期から小学校低学年くらいまでに育てるのが効果的であると言われています。

実際に、子どもの社会的・感情的スキルが小学校での最初の数年間の成績の基盤となっていることが、さまざまな研究によって指摘されています。意欲や関心を持ち、自制心や粘り強さがある子どものほうが、落ち着いて勉強ができることを考えれば、当然のことかもしれません。

ここまでご紹介したさまざまな研究結果から、**学力を高めたいのであれば、先取り学習よりも遊びやさまざまな経験を通して非認知能力を育てるほうが効果的**であることはおわかりいただけたと思います。ルールが決まっている読み書きや計算は、焦らずとも小学校以降でもきちんと身につきます。

また、学力向上に限らず、**子どもが夢を実現し、将来幸せになるためには、「点数では測れない力」が大きな支えとなってくれます。**

21 世紀型人材を育てるＳＴＥＡＭ教育

科学、技術、工学、数学とアートを融合した教育

ＳＴＥＡＭ（スティーム）教育は、科学（Science）、技術（Technology）、工学（Engineering）、数学（Mathematics）を合わせたＳＴＥＭ（ステム）教育に、「芸術（Art）」を融合させた教育法で、今、シリコンバレーをはじめとして、世界中で注目されています。

ＳＴＥＭ教育については、日本でも近年、プログラミング教室や理科実験教室が増えたことから、ご存じの方が多いと思います。

「ＳＴＥＭ」という言葉は２０００年代に入ってからアメリカで生まれ、オバマ政権下の２０１３年には、「**イノベーションのための教育（Educate to Innovate）**」として、ＳＴＥＭ教育の強化がアメリカにとって「重要な国家戦略」になりました。

また、アメリカ最高の美大とされるロードアイランド・スクール・オブ・デザイン（ＲＩＳＤ）

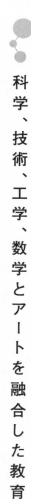

の学長だったジョン・マエダは、2008年にRISDの学長に就任した際に、**「STEMからSTEAMへ」**を掲げ、新たにSTEM教育とアートやデザインを融合した教育の必要性を指摘しました。

「20世紀にサイエンスとテクノロジーが世界経済を一変させたように、アートとデザインは21世紀の世界経済を一変させる準備ができている」というジョン・マエダの言葉から、STEAM教育が今後の各国の成長の鍵となることがよくわかります。

今、最重視されているのは「アート」と「デザイン」

プログラミングや理数系科目など、STEM教育の重要性は比較的わかりやすいですが、なぜアートやデザインが重要視されるのか、ピンとこない方もいるでしょう。

新たに追加された「A（アート）」はひと言で言うと「芸術」ですが、**美術や音楽のほか、創造性、感性、デザイン思考、コミュニケーション、さらには言語や歴史**など、幅広い要素が含まれます。

製品のデザイン（見た目）を美しく整えるといったクリエイティブな側面だけでなく、ユーザーを理解し、潜在的なニーズを掘り起こし、それをもとに製品をつくり出す「デザイン思考」や、その過程における「問題解決」もアートとデザインの役割です。

もともと、英語の「design」には、「（ものの見た目を整えるために）デザインする」という意味だけでなく、「設計」「計画」「立案」「開発」といった意味もあるのです。

アメリカでは今、ＭＢＡ（経済学修士）よりもＭＦＡ（美術学修士）を持つ人材が求められるようになり、早朝から美術館で行われるギャラリートークには多くのビジネスマンが集まっています。これは、従来ビジネスで必要とされた**論理的思考や批判的思考だけでなく、デザイン思考が重視されているため**です。

このデザイン思考は、スタンフォード大学のハッソ・プラットナー・デザイン研究所（通称 d.school）が提唱するもので、グーグルやアップルなど、世界をリードする企業がビジネスに採用しているアプローチです。

デザイン思考は、つぎの５つのステップで行われます。

❶ **共感**（ユーザーと関わり観察することで、ニーズや根底にある問題点を理解する）

❷ **問題定義**（共感によって得た情報をもとに問題を明確にする）

❸ **創造**（問題を解決するため、ありきたりな解決策ではなく、ありとあらゆる大量のアイデアを出す）

❹ **プロトタイプ**（可能性を広げながら問題を解決するために、早く手間なく試作品をつくる）

❺ **テスト**（プロトタイプでテストをし、ユーザーのフィードバックから新たな問題や解決策を見出す）

デザイン思考のプロセスはまさにイノベーションを起こすためのプロセスであり、今後、あらゆるビジネスに必要な考え方です。

ＳＴＥＡＭ教育では、「プロジェクトベース学習（ＰＢＬ）」で、このデザイン思考のプロセスを用いて問題解決能力を養います。長男の通っていた小学校でもプロジェクトベースのアクティブラーニングが行われていました。

「理系」や「文系」の枠にとらわれない

科学技術とアートというと、正反対のもののようにも思えるかもしれませんが、クリエイティブな発想と最新テクノロジーを融合して新しい製品やサービスをつくる、ユーザーとのコミュニケーションによりニーズを捉えて、それを最先端技術で実用化するといったことは、すでに多方面で行われています。

スマートフォンの楽器演奏アプリ、デジタルアートやプロジェクションマッピング、自作のロボットを動かすプログラミング学習もわかりやすいＳＴＥＡＭの例です。

また、スタンフォード大学ではデザイン思考をもとにした医療機器開発をリードする人材を育成するために、２００1年に「バイオデザイン」という医工連携の起業家教育プログラムを始めました。バイオデザインは、インド、シンガポール、イギリスなど多くの国で導入され、日本でも経済産業省がバイオデザインのプログラムを推進しています。

現代社会は、スマートフォンやタブレット、お掃除ロボットやスマートスピーカーなど、STEMの製品であふれています。**私たちの生活の基盤となるSTEMと、人間にとって魅力的な形につくり上げるためのアートやデザインが融合されたのがSTEAMです。**

科学者は研究室に、エンジニアは開発室に閉じこもるのではなく、**さまざまな分野を自由に行き来して能力を身につけていく**のがこれからの世界で求められる姿勢です。「理系は食える、文系は食えない」という考え方はもう過去のものなのです。

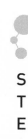

STEAM教育のメリット

『世界を変えるSTEAM人材』では、従来型の教育とSTEAM教育の違いを、つぎのページの図のように比較しています。

知識をどれだけ覚えたかが測りやすい従来型の教育と異なり、STEAM教育は結果を明確な数字であらわすことができません。また、科学、技術、工学、数学は結果がわかりやすいですが、アートやデザインでは、結果だけでなくプロセスやその人らしい視点も重視されます。ですから、STEAM教育の成果は評価が難しいと言われています。

韓国教員大学校のカン・ナムファ教授は、さまざまなSTEAM関連の文献調査や、小

従来型の教育とSTEAM教育の違い

	従来型の教育	「STEMからSTEAMへ」の流れを取り入れた新しい教育
教育の目的	知識の習得	問題解決能力の習得
教科の関係	各教科が独立	複数の教科を俯瞰的に学習
教育の主体	教師	学習者
学習モデル	暗記重視	プロジェクト学習型
教育が目指す人間像	社会に適応できる人間	社会を改革できる人間

STEAM教育は、教育の目的や主体、学習モデルなどが従来型の教育と異なる。
出典:『世界を変えるSTEAM人材』(朝日新聞出版)の図版から抜粋して作成

学校でSTEAM教育を受けた大学生や教師たちへのインタビューを通して、それを明らかにしようとしました。

調査の結果、**STEAM教育には、創造性、主体性、達成感、自尊心、困難な課題に挑戦する意欲やコミュニケーション能力などが向上するというメリットがあるこ**とがわかりました。

また、小学生の頃にSTEAM教育を受けた大学生たちは、自発的な学習スキルとチームワークのスキルが大学に入ってからの研究に役立ったと述べました。

子どもの頃からSTEAM教育に親しむことは、その後の学びにもよい影響を与えるのです。

各国と日本のＳＴＥＡＭ教育

シリコンバレーは、まさにＳＴＥＡＭの本拠地とも言える場所で、幼稚園や小学校でも子どもたちがプロジェクトベース学習や探究型・体験型の学習を行っています。

子どもたちは、３Ｄプリンターやレーザーカッターといった本格的なツールを使いながらものづくり体験をしています。また、スタンフォード大学の教員やアップルのエンジニアが講師となって、ロボット製作やゲームデザインなどを教えるサマーキャンプもあります。シリコンバレーの最先端企業を見学できるサマーキャンプもあり、大変人気です。

そのほか、シンガポールでは中学校でハイレベルなＳＴＥＡＭ教育を行っていたり、中国では世界的な教育ロボットメーカーのメイクブロックがプログラミングを学べる教育用ロボットキットを学校や家庭に向けて販売するなど、ＳＴＥＡＭ教育に力を入れる国が増えています。

日本の文部科学省も２０１８年に今後の教育方針をまとめた報告書で、**「文章や情報を正確に読み解き対話する力」「科学的に思考・吟味し活用する力」「価値を見つけ生み出す感性と力、好奇心・探求心」**の３つを養うため、ＳＴＥＡＭ教育が必要であると表明しています。

世界に羽ばたくために家庭で育てたい「5つの力」

非認知能力やSTEAMの力をどう育てる？

第1章と第2章では、今後世界で求められる力と、それを養うための幼児教育の基本的な考え方、そして最先端教育についてお話ししてきました。

日本でも教育現場で非認知能力を重視し始めていますし、STEAM教育に取り組む学校や塾、ワークショップなどもあるようです。ただ、教える側もまだ手探りの部分もあるでしょうし、どこでも誰でも気軽にアクセスできるまでにはいたっていません。

また日本では、2020年4月から「対話的・主体的で深い学び」を掲げた新しい学習指導要領がスタートしました。「日本の将来を変える教育になるのではないか」と期待を寄せている方も多いでしょう。

ただ、忘れてはならないのは、**これからの世の中で重視される考える力や生きる力、豊**

かな人間性は、かつての「ゆとり教育」が目指したものでもあるということです。ゆとり教育で導入された「総合的な学習」は、複数の教科を横断するという点においては、STEAM教育に似ています。

けれど、結果的にはゆとり教育は「ゆとり」という言葉のイメージばかりが先行し、学力低下が問題視されて終わってしまいました。

新しい学習指導要領は、英語やプログラミングの必修化など明らかに異なる部分もありますが、「ゆとり教育の二の舞にならないだろうか」という不安の声も一部では聞こえてきます。

世界で求められる力は家庭でこそ育つ

新しい学校教育に期待を寄せつつも、まかせきりにするのは賢い子育てとは言えません。

幼児期は特に、親が子どもをよく見て、子どもと関わりながら、能力を伸ばしてあげるのが一番です。

そこで、語学力や非認知能力、STEAMなど、世界で求められる力を日本の家庭教育でも伸ばしていただけるように、つぎの「5つの力」にまとめ直してみました。

これらの「5つの力」は、第1章でご紹介したこれからの世界で求められる力と第2章でご紹介した最先端の教育法をもとに私が選んだ、**「子どもが自分の才能を生かして世界で羽ばたくために欠かせない力」**です。

●自己肯定感

すべての力の基盤となるもの、子どもの成長における「栄養」のようなものです。自己肯定感がなければ、意欲や行動力、コミュニケーション能力などが育ちませんし、子どもの持てる力を十分に発揮することができません。日本人は特に自己肯定感が低いので、最重視していただきたい力です。

自己肯定感の必要性と育て方については第3章をご覧ください。

●考える力

豊かな想像力や感性、思いもよらない発想、ものごとを分析する力や自分で考えて判断する力は、まだ言葉を十分に話せない1歳の子どもでも育てていくことができます。さまざまな体験や遊び、読み聞かせ、美意識を育てる家庭環境がこれらの力を養います。

考える力を養うアイデアは、第4章で具体的にご紹介していきます。

● 意志力

非認知能力に含まれる忍耐力や自己制御能力は、「意志力」を養うことで身につきます。意志力とは、自分のやるべきことをやり遂げるために、自分の思考や感情、行動などをコントロールする力です。意志力と似たものに「実行機能」がありますが、幼児期に実行機能を身につけるかどうかが、その後の人生にも影響すると言われています。

意志力のくわしい内容と家庭での養い方は第5章でご説明します。

● 社会的スキル

協調性やコミュニケーション能力、共感する力も、これからの世の中に欠かせない非認知能力です。これらは、ＡＩにはない人間だけが持つ能力でもあります。また、5つめの国際的スキルは、社会的スキルがなくては育ちません。

社会的スキルの育て方については第6章でご紹介します。

● 国際的スキル

英語をはじめとした語学力は、世界と渡り合うための基本ツールです。日本人であれば、日本語と英語のバイリンガル、あるいは日本語、英語、中国語のトリリンガルなど、多言

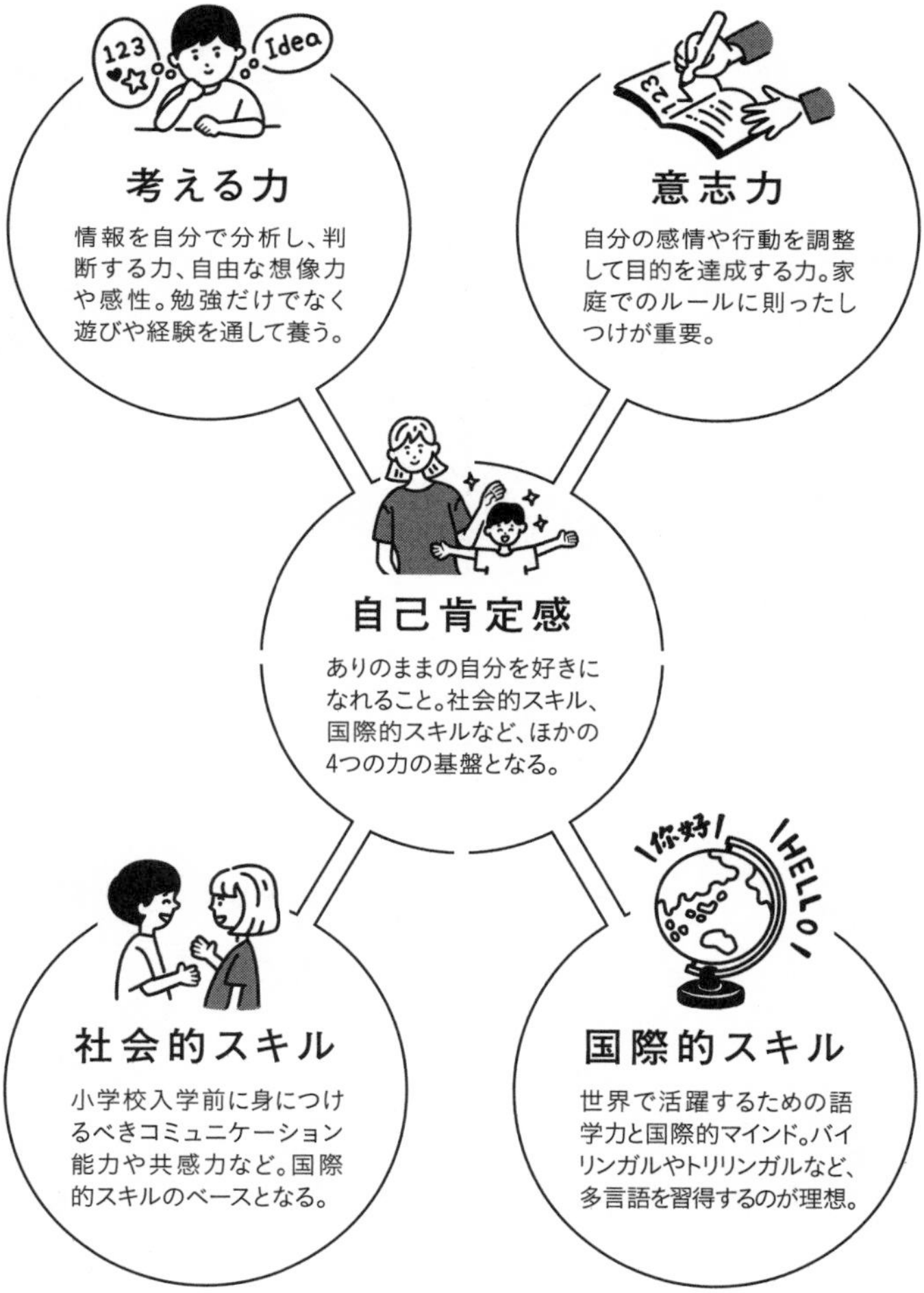
123
Idea
考える力
情報を自分で分析し、判断する力、自由な想像力や感性。勉強だけでなく遊びや経験を通して養う。
123
意志力
自分の感情や行動を調整して目的を達成する力。家庭でのルールに則ったしつけが重要。
自己肯定感
ありのままの自分を好きになれること。社会的スキル、国際的スキルなど、ほかの4つの力の基盤となる。
社会的スキル
小学校入学前に身につけるべきコミュニケーション能力や共感力など。国際的スキルのベースとなる。
你好
HELLO!
国際的スキル
世界で活躍するための語学力と国際的マインド。バイリンガルやトリリンガルなど、多言語を習得するのが理想。

これからの時代に必要な「5つの力」

語話者を目指すのが理想です。

ただし、語学力だけでは不十分です。多様性や文化の違いを尊重し、自国の文化を大切にしながら、他国への理解を深める国際的なマインドがあってはじめて、国際社会で通用するスキルが育ちます。

国際的スキルについては、第7章でご説明します。

この5つの力は、学校や塾に頼らずとも育むことができます。むしろ、家庭でなければ育てられない力も多いかもしれません。子どものことをよく知っていて、子どもとの愛着関係を持つ保護者だからこそ、育てられるものです。

どんな力が求められるのか、そして家庭でどのように育てられるのか、お子さんの将来を考えながら、第3章以降を読み進めてみてください。

2章のポイント

- 幼児期は脳の基礎体力を鍛え、学びの土台をつくる時期
- 幼児期は、子どもの「やってみたい」という主体性を尊重する
- 学ぶ力を育てるためには、先取り学習をさせるよりも、子どもが興味を持った遊びや、五感を刺激する経験をさせるのが効果的
- 今、世界では、点数では測れない非認知能力や、科学技術とアートを融合したSTEAM教育が重視されている
- これからの時代に必要な「5つの力」は家庭教育でこそ育つ

「世界一幸せな人生」をつくる魔法の言葉

2020年に新型コロナウイルス感染症が世界的に流行したため、10歳の長男が通うイギリスのボーディングスクールも休校になり、長男はイギリスから一時帰国せざるを得なくなりました。

授業は数か月間、オンラインに切り替わったのですが、学校から送られてきたオンライン授業に関するお知らせに校長先生から生徒たちへのメッセージが書かれていました。そのメッセージがとても素敵だったので、みなさんにもシェアさせてください。

そこにはこう書かれていました。

「**Work hard.**（一生懸命ものごとに取り組みましょう）」

「**Have fun.**（楽しみましょう）　創造的になって絵を描いたり、詩を書いたり、写真を撮ったり、考えたり笑ったり泣いたり、ジャンプしたり走ったり、叫んだりささやいたり、インテリジェントな話をしたりナンセンスな話をしたり、真面目になったり滑稽《こっけい》に振る舞ったり。とにかく自分のさまざまな面を表現しましょう」

「どうしたら人を楽しませることができるか、親切にできるかつねに考えましょう」

「新しい楽器を演奏して録音してみましょう。ダンスなど、いろいろなパフォーマンスをしましょう。そして、モーツァルトを聴きましょう」

「スポーツ、音楽、アートなど、いつも学校でやっていることを家でもやりましょう」


「**Be kind.**（親切にしましょう）　家族のみんなに親切にしましょう。洗い物を手伝って、犬の散歩をして、ベッドメイキングをして、とにかく自分の親と兄弟が楽になるように手伝いましょう」

「呼吸をしましょう。学校でいつも行っている呼吸法を使って瞑想《めいそう》をしましょう。特に、兄弟のいる人はいつもより長く呼吸をしましょう」


いかがでしょうか。ウィットに富んだ、とても素敵なメッセージです。創造的で楽しく、読むだけでポジティブな気分になれます。

実はこの「Work hard.」「Have fun.」「Be kind.」は、イギリスのいくつかの学校でスローガンとして使われていました。この3つの言葉は、幼児期の理想的なバランス教育をあらわすのにぴったりな言葉でもあると私は思いました。

自分の子どもに世界一幸せな人生を送ってほしい。それは、多くの親が願うことだと思います。私も自分の子どもたちは、3人それぞれが自分だけの才能を発揮して、自分らしく最高に幸せな人生を送ってほしいと願っています。

そのためには、第1章でお話ししたように、『自分らしい幸せ』を実現する」こと、そして「自分の力を社会に還元する」ことが大切です。

「努力する」「楽しむ」「人に親切にする」。人生において、この3つさえ忘れずにいれば、自分なりの「世界一幸せな人生」を送ることができるのではないでしょうか。

この3つは、毎日、仕事と家事、育児で目が回りそうな日々を送っているお母さんやお父さんにも、ぜひ贈りたい言葉です。

第3章

「自己肯定感」がある子は自ら育つ

「自己肯定感」がすべての能力を底上げする

人生において一番大切な「自分が好き」という気持ち

みなさんは、自分のことが好きですか？　日本の方にこの質問をすると、首を振るか、困ったように笑って答えられない方がほとんどです。日本人は自己評価が低い傾向があるので、答えがＮＯの方が多いのでしょう。また、内心は「自分が好き」と思っていても、謙遜《けんそん》が美徳とされる日本では人前でそう言うのは抵抗があるのだと思います。

私は、自分のことが大好きです。こう言うと、うぬぼれているとか、環境的に恵まれているからだろうと思われるかもしれませんが、そうではありません。アメリカに来た当初は、英語が話せず、お金もなく、知人もいなくて、毎日を生きるのに必死でしたが、そんな状況でも、私は自分のことが大好きでした。

自分を好きでいられる気持ちを**「自己肯定感」**と呼びます。**人が生きるうえで、自己肯**

定感を持つことは非常に重要です。自己肯定感は、人間にとってのエネルギー源であり、自己肯定感がないとあらゆる力を伸ばすことができません。

子育てにおいては、何よりもまず子どもの自己肯定感を高めることが重要だと私は考えています。たとえ勉強やスポーツをがんばっても、自己肯定感がなければ自分の努力を自分で認めてあげることができず、かえって自己評価が下がってしまう場合もあります。

自己肯定感がすべての力のベースとなる

自己肯定感があると、具体的には、つぎのようなメリットがあります。

- 他人の評価や環境に振り回されずに自分の価値を認められる
- 日々のタスク（勉強や仕事など）をこなすことが苦にならない
- 「やってみたい！」という好奇心が湧き、新しいものごとに積極的にチャレンジできる
- 思考に制限が生まれず、興味や関心が広がり、自由な発想ができる
- 失敗したり、悪い結果が出たりしても落ち込むことが少なく、切り替えが早い
- トライ・アンド・エラーができるから、問題を早く解決できる
- 自分が好きだから、人のことも認められる

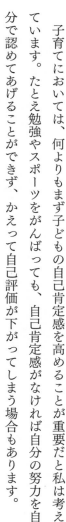

自己肯定感があれば、すべての力が底上げされます。個性や才能を開花させるのも、自分らしく幸せに生きるのも、自己肯定感がベースになります。

私が幼児期に特に育てるべきだと考えている「5つの力」のうち、自己肯定感以外の「考える力」「意志力」「社会的スキル」「国際的スキル」も、自己肯定感があるのとないのとでは、身につけるための労力が大きく変わります。

いいときも悪いときも「自分が好き」

自己肯定感は、経済的に恵まれた家庭に生まれたとか、一流大学を出て一流企業に勤めているとか、社会的に人から認められたとか、そういうこととは関係ありません。

自己肯定感は**「どんなときも自分を好きでいられる気持ち」**です。人に自慢できるような経歴がなくても、欠点や苦手なことがあっても、**「ありのままの自分でいい」と受け入れ、たとえ誰からも評価されなくても自分を好きでいられる「根拠のない自信」**です。

うちの長男は、スーパーポジティブ人間、自己肯定感のかたまりのような性格です。

今はイギリスのボーディングスクールに在籍していますが、アメリカの小学校に通っていたときは、帰宅後に私が「今日はどうだった？」と聞くと、毎日「よかったよ」と答えていました。ある日、いつもと同じように「どうだった?」と聞いたら、長男は「というかママ、ぼく、毎日いいよ」と、それが当たり前のことのように言っていました。「学校で怒られないの?」と聞いても、「怒られるけど、so what?(だから何?)今日もハッピーだよ」。テストの点数が70点くらいだったときに「どう思った?」と聞いても、「うん、よかったよね!」と言うのです。

長男はまわりの状況が好ましくなくてもへこたれません。年に1回、子どもたちは少しの間、日本の小学校に入るのですが、社交的な長男でもすぐにはクラスメイトの輪に入れません。でも、落ち込まないのです。友だちの輪に入れないからといって自分を否定しない。いずれ入れればいい。そういう考え方なのです。

日本の小学校で漢字テストを受けたとき、漢字の送り仮名が苦手な長男は、100問中1問しか正解できませんでした。さすがに落ち込むだろうと思ったのですが、本人は気にする様子はありませんでした。

普段の勉強も、決してガリ勉ではなく、親としてはもう少し身を入れて取り組んでもいいんじゃないかしらと思うくらいですが、そんな長男でもイギリスのボーディングスクールでは数学の成績が優秀だと表彰されたこともあります。そのときは、親だけでなく本人ですら、なぜ表彰されたのかわからない様子でしたが……。

他者評価に頼ると「エレベーター式人間」になってしまう

自己肯定感の低い日本人

日本人は自己肯定感が低い傾向があります。国立青少年教育振興機構が２０１５年に日本、アメリカ、中国、韓国の高校生を対象に行った調査から、**日本の子どもは、他国の子どもに比べて自己肯定感が低い**ということがわかりました。

「私は人並みの能力がある」「私は、体力には自信がある」「私は、勉強が得意なほうだ」といった自分自身についてのポジティブな質問では、「とてもそう思う」「まあそう思う」と答えた生徒の割合が、アメリカや中国、韓国に比べて低いという結果になりました。

また、「自分はダメな人間だと思うことがある」「私は将来に不安を感じている」「周りの人の意見に影響されるほうだ」というネガティブな質問に対しては、「とてもそう思う」「まあそう思う」と答えた生徒の割合が高く、いずれも6～7割に達しています。

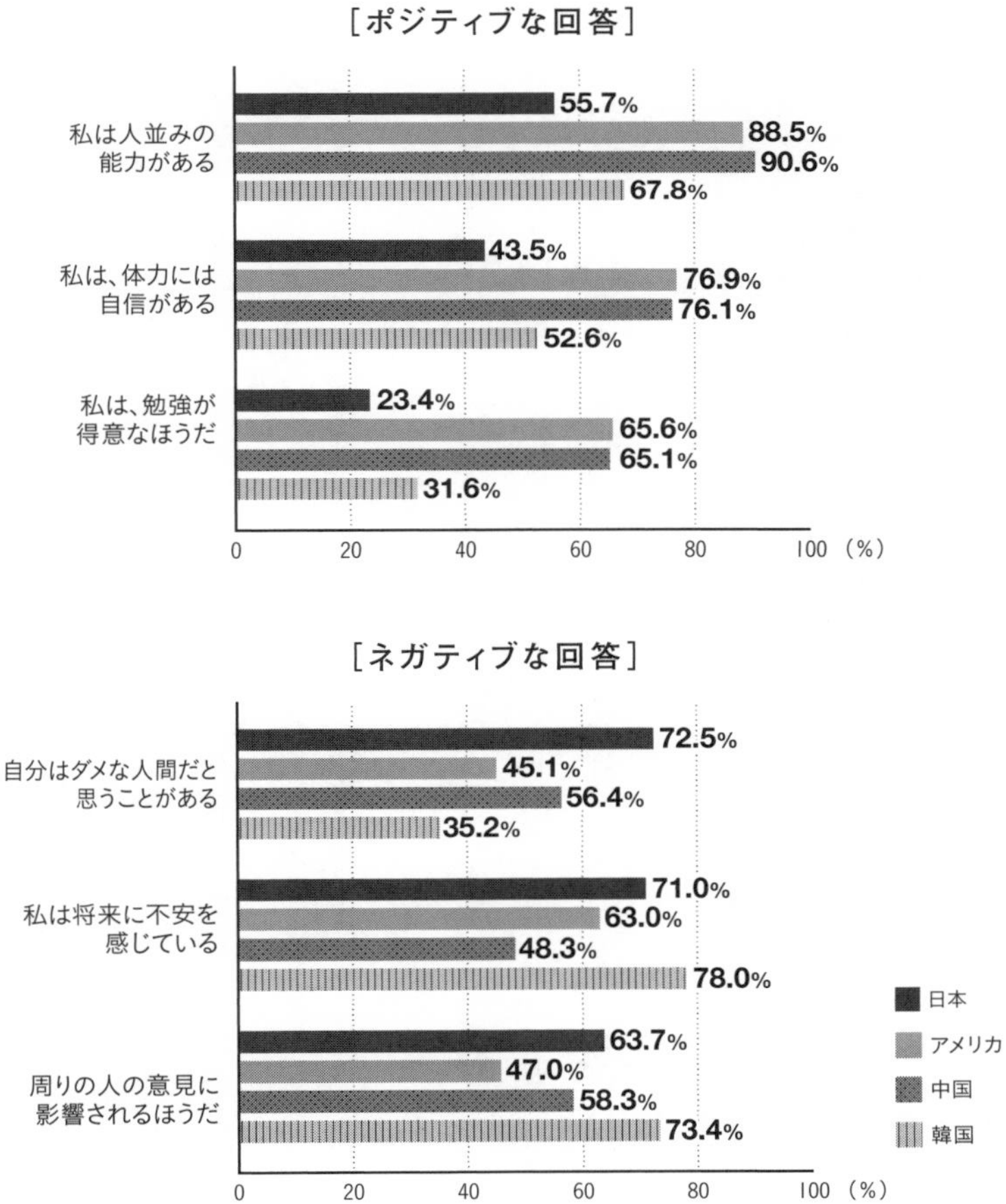

高校生の自己肯定感に関する国際調査

日本の高校生は、自分自身をポジティブに捉える項目では割合が低く、ネガティブに捉える項目では割合が高い傾向があらわれている。

出典：国立青少年教育振興機構「高校生の生活と意識に関する調査報告書 ── 日本・米国・中国・韓国の比較 ──」より抜粋して作成

学力が高くても「勉強が得意」と思えない

ポジティブな質問に対する回答の中で、特に低い割合を示したのが「私は、勉強が得意なほうだ」というものです。では、日本の高校生は世界的に見ても学力が低いのかというと、そうではありません。

ＯＥＣＤ（経済協力開発機構）が3年に1度、義務教育を修了した15歳の生徒を対象に行っている生徒の学習到達度調査（ＰＩＳＡ）の２０１８年の結果を見ると、日本は37のＯＥＣＤ加盟国・地域の中で「数学的リテラシー」は1位、「科学的リテラシー」は2位、非ＯＥＣＤ加盟国・地域を含めても、それぞれ6位と5位で高い学力を誇っています。その学力は、長年、安定的に世界トップレベルを維持しているとＯＥＣＤに評価されているほどです。

近年問題視されている「読解力」は11位（非ＯＥＣＤ加盟国・地域を含めると15位）ですが、それでも得点はＯＥＣＤの平均を上回っています。

日本の生徒は、世界的に見ても学力が高いのに「勉強が得意」と思えない。これは自己肯定感の低さによるものと考えられます。

「人の目」を気にする国民性

日本人の自己肯定感が低いのは、「人の目」を気にする国民性のためではないかと私は考えています。偏差値や学校の知名度、年収や勤務先の知名度で自分の価値を測る。人並み以上を目指すけれど、人より目立つことは苦手。人に迷惑をかけないように、人から笑われないように……。日本人は他者からの評価を気にしすぎです。

一方、アメリカ人は「人と比べず、自分のベストをつくせればいい」という考え方です。以前、ピアノ講師をしていたとき、発表会前に生徒さんに「大丈夫?」と聞くとアジア人の生徒さんは緊張して不安そうにしていることが多かったのですが、アメリカ人の生徒さんはたとえまだ演奏にアラがあっても、ほとんどが「大丈夫!」と答えていました。

他者評価に頼ると心がアップダウンしてしまう

自己肯定感とは、「誰かに認められるから、自信が持てる」ということではありません。「他者評価」に関係なく、ポジティブな「自己評価」をできるのが自己肯定感です。

他者評価に頼って自分をジャッジしていると、「エレベーター式人間」になってしまいます。よい結果を残せたり、人にほめられたりしたら自己評価が上がる、結果が悪く、人

自己肯定感があると、他者評価に振り回されない

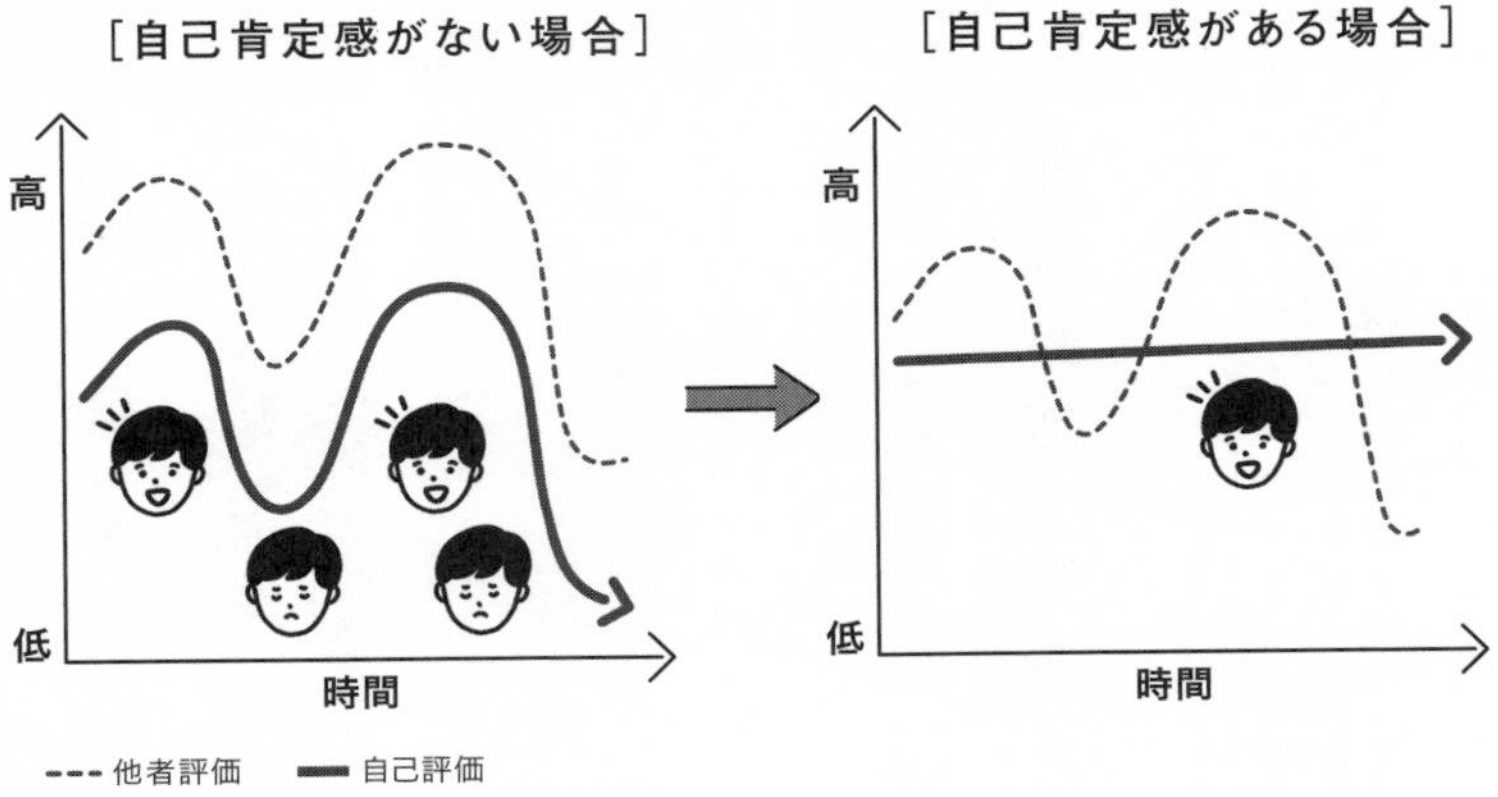

自己肯定感が持てないと、他者からの評価によって自己評価が上下するが、自己肯定感があると、他者評価にかかわらず自己評価ができる。

からけなされたら自己評価が下がる。そうやって、**他人が押すボタン（他者評価）でアップダウンをくり返すエレベーター式人間になると、いずれ心が疲れてしまいます。**

他者評価を基準にしているとキリがありません。世の中、上には上がいるものです。エレベーター式人間になってしまうと、どんなに優秀なプロフィールを持っていたとしても、自分より優秀な人がいたらとたんに自信を失ってしまいます。

また、他者評価を頼りにしていると、自分より学歴や年収が低い人には横柄な態度で、自分より「スペックが高い」人にはへりくだるような大人にもなってしまいかねません。

「先取り学習」のやりすぎが自己肯定感を低下させる

子どもの能力以上の勉強をさせるデメリット

具体的な方法はのちほどご紹介しますが、自己肯定感は習慣を変えることで高めることができます。

ただし、自己肯定感は環境に大きく左右されます。生まれたときから自己肯定感が低い赤ちゃんはいません。親や周囲の大人、お友だちとの関わりの中で次第に自己肯定感が上がったり下がったりしていくのです。

ですから、一度下がってしまった子どもの自己肯定感を上げたいなら、まず**大人が意識を変えて、子どもの自己肯定感を下げない環境づくりをする**ことです。それができなければ、同じことのくり返しになってしまいます。

アジア人は、全般的に小さいときから子どもにたくさん勉強をさせる傾向があります。親は子どもの将来を思って先取り学習をさせるのですが、第2章でご説明したように先取り学習には親が期待するほどのメリットはありません。

むしろ、**年齢やその子のキャパシティ以上のことを無理にやらせてしまうと、自信をなくさせることになり、大きなデメリットになります。**

たとえば、次男は4～5歳の頃までそら幼稚園とは別に週に2日チャイニーズの幼稚園にも通っていましたが、毎回「行きたくない」と泣いていました。

実はその幼稚園では、漢字をたくさん覚えさせたり、算数の難しい問題を解かせたりするなど、4～5歳の子には難しい勉強をさせていたのです。その結果、彼にとってその幼稚園は、「ぼくは勉強ができない」という劣等感を植えつけられる場所になってしまいました。

また、私の友人のお子さんでとても勉強ができる子がいたのですが、アメリカから日本に帰国した際、先取り学習に力を入れている学校に入ることになりました。

その学校ではアメリカの学校よりも高度な内容を教えていたため、その子は「自分はみんなより勉強ができない」と自信をなくしてしまい、学校に行くのが苦痛になってしまったそうです。

勉強ができる・できないよりも自己肯定感が重要

お受験に熱心な家庭が多い日本では、「中学受験に失敗したから、もう人生終わり」と諦めて勉強をしなくなる子もいるという話を聞きます。その子は中学受験で志望校に合格できなかったことで自己肯定感が持てなくなってしまったのでしょう。

私は、自分の子どもが読み書きや計算が早くできても遅くても、どちらでもかまいません。ただ、**幼児期に「勉強ができない」「自分はダメな子」というマイナスの自己意識を持たせることには大きな危機感を抱いています**。幼児期に「勉強は苦手」という自己意識を子どもの心に刷り込んでしまうと、小学校以降の学習にマイナスの影響が出ます。次男の場合、自信を取り戻させるのにとても時間がかかりました。

もちろん、子どもが文字や数字に興味があるなら、好きなようにやらせてあげて、その力を伸ばすことには賛成です。けれど、**その子の年齢を超えた難しい勉強は、本人が望まないかぎり、遊ぶ時間を削ってまでやらなくていい**と考えています。

自己肯定感を低下させたまま、その子のキャパシティを超えた勉強をさせるのは、空腹のまま休まず走り続けろと言うようなもの。必ず力つきて倒れてしまいます。何よりもまず、原動力となる自己肯定感を与えてあげること。勉強をするのはそれからです。

ポジティブな自己意識を育む7つのポイント

子どもの自己肯定感は育て直すことができる

自己肯定感が高い子、大人がフォローしてもなかなか自己肯定感を持てない子がいますが、もともと生まれたときには誰もが持っていたものですから、成長とともに低くなっていても育て直すことはできます。

そのためにはさまざまな方法がありますが、まず、どのような点を意識すれば子どもの自己意識をポジティブなものにできるのか、ある研究結果からわかったことをご紹介しましょう。

ポジティブな自己意識を持たせるポイント

コミュニケーション障害について研究していたニューヨーク州セントローズ大学のマー

ク・イルヴィセーカー教授らの研究で、子どもにポジティブで生産的な自己意識を持たせるために有効な方法がわかっています。そのうち7つをご紹介します。

●受け入れと尊重

まず、**どんな状態でもその子を受け入れる**ことです。勉強や運動ができてもできなくても、親から見れば手のかかる子であっても、受け入れます。

また、子どもの考えていることや行動、興味のあることに心からの関心を示して、子どもを尊重します。大切なのは、**その子が「できたこと（結果）」ではなく、その子の「できること（能力）」を伝え、実際にそれができるようにサポートする**ことです。

それによって子どもは自分のことを肯定的に捉えることができるようになります。

●意味のあるタスクでの成功体験

ポジティブな言葉がけもポジティブな自己意識をつくるのに役立ちますが、それと同様に、**自分が成し遂げたいと思う有意義なタスク（課題）にチャレンジし、それによって達成感を得ることは、肯定的な自己意識や自尊心を築くベースとなります。**

● **ポジティブなロールモデル（お手本）によって、よりよい自己意識を持たせる**

何か難しいタスクにチャレンジするときに、**その分野で高く評価されている人物、またはヒーローのような人物について思い出すと、そのタスクを行う際のやる気や力がアップし、より高いレベルの成果を上げられる**ことが、多くの研究でわかっています。

子どもがサッカー選手になりたいという夢を持っているなら、その子が好きな有名サッカー選手をロールモデル（お手本）にします。「自分は〇〇のようになりたい、なれる」という自己意識を高めることで、実際にサッカーがうまくなるというわけです。

● **正直なフィードバックをする**

親が心からほめているのかテクニックとしてほめているのかは、子どもでもわかります。思うような結果が出ないのに何度も「すごい！」とほめられたら、親のほめ言葉の効力が弱まります。むしろ、「この程度ですごいと言うなら、よほど自分はできない子だと思われているんだろう」と、ネガティブな自己意識を植えつけることにもなりかねません。

「ここはすごくがんばったね！　ここはもう少し練習するといいね」と、よかったことと努力が必要なことを正直に伝えたほうが、子どもはポジティブな自己意識を持てます。

●「ご褒美」ではない、評価や関心、尊重

自分の興味のあることや考えていること、やったことに対して、親や先生が同じ目線に立って関心を持ってくれると、子どもは自己意識をより高めることができます。

子どもは、目上の者が目下の者にあげる「ご褒美」よりも、**一人の人間として評価され、尊重され、関心を持ってもらうことで大きく成長する**のです。

●年齢や能力に応じた有意義なタスク

子どもの年齢やできること・できないことを見極めてお願いごとをします。たとえば、ペットの世話をするなどのお手伝いがいいでしょう。**日々の生活の中で、「自分にはやるべきことがあり、その責任を果たしている」と感じられると自己肯定感が高まります。**

●失敗への対処

子どもが失敗したら、まず「失敗してしまっても、親の愛情は変わらない」ということを言葉や態度で伝えます。そのうえで、失敗にどう対処したらいいか一緒に考えます。

子どもを傷つけないよう、失敗そのものがなかったかのように振る舞うことは、子どもに自信を持たせるどころか、かえって自信をなくさせる可能性があると指摘されています。

自己肯定感を育てる①

無条件の愛で安心・安全なホームをつくる

「ありのまま」を受け入れることが大切

「親は弱い自分もダメな自分も受け入れてくれる」「いつも応援してくれる」。子どもがそう感じられる**精神的な「ホーム」をつくることが自己肯定感を育てるベースになります。**

大人も同じです。学歴や職業、外見や収入といった条件ではなく、自分自身を見てくれて、いいところもダメなところも含めて受け入れてくれる家族や仲間との時間ほど心地いいものはないでしょう。日々、親に頼ることの多い子どもたちはなおさらです。

でも実際は、子どもが成長するにつれて、親は「ありのまま」以上を期待することが増えてしまうものです。いつの間にか、「できないこと」「やっていないこと」のほうが目についていて、イライラしてしかることが多くなる……。これは、万国共通の親の悩みかもしれません。

無条件の愛を言葉や態度で伝える

ついしかってしまうことが多い方は特に、「ありのままのあなたが大好き」という気持ちを、意識して言葉や態度で伝えましょう。抱っこや背中をさするなどのスキンシップや、「お母さんは○○が大好きよ」といった言葉で愛情を伝えてあげます。

子どもが赤ちゃんだった頃の話をしたり、写真や動画を見せてあげたりするのもいいでしょう。自分の写真でいっぱいになったスマートフォンの画像フォルダや、親が自分の写真を待受画面に設定しているのを見るだけでも、子どもは嬉しいものです。

お祝い事のときに撮った写真はそのままにせず、ぜひ額に入れて飾ってください。わが家では、キッチンに置いたデジタルフォトフレームに子どもたちが赤ちゃんのときからこれまでの写真データを入れてスライドショーで表示しています。子どもたちはそれを見るのが好きなようで、たびたびデジタルフォトフレームの前に集まっています。

「これは誰かな？　○○ちゃんだね。かわいいね」「初めて『ママ』って言ってくれたときは嬉しかったな」「初めて一人で歩いたときは、おじいちゃんもおばあちゃんも、みんな拍手して大喜びしたんだよ」と写真を見ながらいかに愛されているかを伝えましょう。

小さいうちはこのように親の愛情を伝えてあげるだけでも自己肯定感を育めます。

自己肯定感を育てる②

「よかった探し」でポジティブな思考回路を育てる

私の自己肯定感を大きく変えた「よかった探し」

エレナ・ポーターの書いた『少女パレアナ』のお話をご存じでしょうか。日本では1980年代に「愛少女ポリアンナ物語」というタイトルでアニメも放送されました。パレアナのお話で有名なのが「よかった探し（喜び探し）」です。孤児になったパレアナは、お金持ちだけれど孤独で気難しい叔母さんに引き取られます。叔母さんはパレアナに厳しく接していましたが、パレアナは、決して不幸ではなく明るく元気でした。なぜなら彼女は、大好きな父に教わった「よかった探し」というゲームをしていたからです。パレアナは「よかった探し」で叔母さんの心を溶かし、町の人々の考え方も変えていきます。

「よかった探し」は、たとえどんなによくない状況にいても、その中から「よかったこと」を探すゲームです。 実は、この「よかった探し」が私の人生を大きく変えたのです。

「自分が嫌い」から「自分が好き」に変わる

この章の最初に、私は自分のことが大好きだとお話ししましたが、実は、20歳の頃までは自分のことが大嫌いでした。

当時の私は、毎日、その日あったことを振り返って反省するなど、マイナス思考のかたまりだったのです。当時の日記には毎日、「どうして私は○○なんだろう」「自分のことが嫌い」など、暗いことばかり書いていました。

では、実際はどうだったかと振り返ってみると、通っていた教会でサンデースクールのカリキュラムづくりを任される、中国語と日本語の同時通訳を頼まれる、卒業式でスピーチをする、専門学校の推薦で幼稚園に就職できたなど、自分を認めてあげるポイントはいくつもあったのです。それでも、当時の私は自己肯定感がまったく持てずにいました。

ある日、パレアナの物語を読んだ私は、マイナス思考な自分を変えようと決心しました。当時のことは今でも鮮明に覚えています。鏡の前に立って自分を見つめ、「今日から、自分のことを好きになる！」と決心した私は、その日からさっそく「よかった探し」を始めました。よかったことといっても、「今日はいい天気」「かわいい服を見つけた」「お花がきれいだった」など、ほんのささいなことです。

そうして「よかった探し」を毎日続けてしばらく経ってからまた鏡の前に立ったとき、**「自分が嫌い」だった私は、心から「自分が大好き」と思えるように変わっていたのです。それからはまるで脳のプログラミングが変わったかのようで、もとの「自分が嫌い」な私に戻ることはなくなりました。**

「よかった探し」で自信を持てるようになった次男

「よかった探し」は私の子育てにおいても、大いに力になってくれました。

スーパーポジティブな長男に対して、次男はネガティブな考え方をする子でした。幼稚園で先生からしかられると、「あのとき先生に怒られた」とずっと引きずっていたのです。長男と同じように愛情を注いでいるし、育った環境も同じなのですが……。

あるとき私は、ペンシルバニア大学のマーティン・セリグマン教授らが提唱した「ポジティブ心理学」で、**「毎晩寝る前にいいことを3つ書き、それを1週間続けると、幸福度が向上し、その効果が半年間続く」**という研究結果が出たことを知りました。そのとき、私を変えてくれた「よかった探し」を思い出し、次男にも試してみることにしたのです。

寝る前に子どもたちに「今日あったいいことを3つ、ママに教えて」と言いました。長男はパパッと3つ答えられるのですが、次男は思いつかないのか、「ひみつ」とか「教えない」と言って答えてくれませんでした。それでも諦めず、「今日は○○くんと遊べたね」など、次男にとっての「よかったこと」を言わせていたら、少しずつ自分から「よかったこと」が言えるようになり、明らかに次男の表情が明るくなってきたのです。

ポジティブ思考に変わってきた次男に、さらに、「いいことを見つけると、それが磁石になってもっといいことが起きるんだよ」と言いました。すると、驚いたことに、普段は1個しかもらえないガチャガチャの景品が2個もらえるなど、彼にとって本当に嬉しいことが立て続けに起こったのです。

その経験を通して、次男は「いいことを見つけると、さらにいいことが起きる」ということを実感したのでしょう。それからは、たとえ小さなことでも、いいことが起きると「神さま、ありがとう〜♪」と自作の歌を歌うようになりました。**そうして思考回路がポジティブに変わった次男は、自分に自信の持てる明るい子に変わっていきました。**

脳がどの情報をキャッチするかでものごとを肯定的に捉えられるか否定的にしか捉えられないかが決まります。ポジティブ思考を鍛える「Mood Mint」というアプリがあります

脳のポジティブな使い方とネガティブな使い方

脳がポジティブなものをキャッチできると、
同じ状況でも、ものの見方が変わる。

が、このアプリでは、怒った顔の写真が並ぶ中で笑った顔の写真を選ぶなど、脳をポジティブに使うさまざまなトレーニングができます。ポジティブに考えられるかネガティブにしか考えられないかは、脳の訓練次第なのです。

私は、自分の子がやんちゃばかりして勉強が苦手な子に育ったとしても、本人が望む人生を送れるなら、それを不幸だとは思いません。

それよりも、**ものごとを否定的にしか考えられない人生を歩むほうが不幸であり、親にとってはつらいこと**です。

脳をポジティブに使えるか、ネガティブにしか使えないかは親のかける言葉でも大きく変わります。

自己肯定感を育てる③

自己肯定感を高めるほめ方

親の「ほめ方」で子どもの自己肯定感が変わる

言葉を上手に話せない0歳や1歳の子どもでも、どんな言葉でほめるか、どんな言葉や態度でしかるかで、その後のその子の自己肯定感が変わります。

子どもをほめることは大事ですが、なんでもかんでも「すごい！」とほめたり、親が望む結果を出したときだけご褒美のようにほめたりすると、かえって逆効果になることもあります。ここでは、私が考える「自己肯定感を高めるほめ方」をいくつかご紹介します。

気持ちが伝わるほめ方をする

「できた！」と子どもと同じように喜んで、気持ちを込めてほめることが大切です。ほめるときは、**子どもの目をきちんと見て、笑顔でほめてあげましょう。**

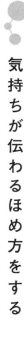

子どもが3歳くらいまでは、「イエーイ!」とハイタッチしたり、「がんばったね〜!」とハグをしたり手をたたいたりと、大げさにほめたほうが親の喜びが伝わります。

結果だけをほめず、努力や工夫をほめる

テストでいい点をとった、コンクールで優勝したなど、わかりやすい「結果」があると、親としては鼻の高い気持ちになるものです。けれど、「満点がとれてすごいね!」など「結果」をほめるよりも、努力や工夫をほめてあげることのほうが大切です。

「毎日欠かさずにピアノの練習をしていたからだね」
「きれいな色をたくさん使って描けたね」

努力や工夫した点は、本人は意識せずにしていることもあるので、それを見つけてもらえると子どもは嬉しいものです。そして、「もっとがんばろう」と思うことができます。
結果だけをほめると、子どもは「ほめてもらうためには、『できる子』でいなくてはいけない」と思うようになります。でも、ずっと「できる子」でいるのは簡単ではありません。思うような結果が出せないと、不安や焦りで自己肯定感が低下してしまいます。

「自分が何かをできるからほめてくれるんじゃなくて、できるようにがんばっているからほめてくれる」と、子どもが実感できる。それが自己肯定感を高めるほめ方です。

「いつもできること」「できてほしいこと」もほめる

いつも怒ってばかりいた親が突然ほめ始めたら、子どもも「なんかあやしい」とわかります。そういう場合は、「いつもできること」をほめることから始めるのがおすすめです。

特に、自己肯定感が低い子の場合はハードルを下げて、たとえ親が思うほどの結果が出ていなくても、まずは日々できていることをほめましょう。


「（いつも残さず食べている子に）今日もご飯を残さず食べてくれて嬉しいな」

「（いつもと同じ時間だけど）あれ、今日はもうお着替えできたんだね！」


大人でも、毎日のルーティンをきちんとこなすことが難しい日もあります。子どもが「いつもできること」を今日も同じようにできているというのはすごいことなのです。

「できていないけれど、できるようになってほしいこと」をほめてしまうのも一つの手です。**「夢をかなえるときは、『すでにそうなった状態』で話すといい」**と言われます。これはアファメーションと呼ばれるもので、私も毎日見る洗面所のカレンダーに「こうなりたい」という自分の理想を言葉にして書き込んでいます。アファメーションは夢をかなえるための効果的なメソッドです。それを子育てにも応用するのです。

「（実際には上手にできていなくても）○○は、がんばってお片づけできるもんね」
「（いつもケンカばかりしていても）○○は優しいから、妹と仲よく遊べるもんね」

「どうしてできないの！」と言いたい気持ちをグッとこらえて、もうできているつもりでほめてみましょう。子どもがその言葉にのせられて、できるようになればしめたものです。

ほかの子と比べない

「○○は△△ちゃんよりピアノが上手」など、ほかの子と比べてほめるのもあまりいいほめ方ではありません。比較してほめるとき、必ず「できない子」の存在があります。**子どもは、自分が「できない子」になったらほめてもらえなくなると思ってしまいます。**

他人と比べるのではなく、「前はうまく弾けなかった部分が弾けるようになったね」など、それ以前のその子自身と比べてほめてあげましょう。

自己肯定感を育てる④

自尊心を傷つけないしかり方

ポイントを押さえて、しっかりとしかる

ほめることと同じくらい、しかることも大事です。しかることは子どもに「生きる指針」を教えることです。第5章でお話しする「意志力」には自制心が必要ですが、「しからない子育て」では、幼い子どもの自制心は育めません。

私自身、子どもをしかることは多いほうです。ただし、子どもをしかるときに気をつけているポイントがいくつかあります。仕事や家事、育児で忙しく、ついカッとなって子どもをしかりすぎてしまう方は、つぎのようなことを意識してみてください。

行動をしかっても人格は否定しない

「罪を憎んで人を憎まず」という言葉があります。子どもをしかるときにこそ、思い出し

たい言葉です。「人を憎む」ような子どもの人格を否定するしかり方をしていると、子どもに否定的な自己意識を持たせることになります。これは、自己肯定感が低下するだけでなく、その子の性格形成にも影響するので避けなくてはなりません。

「弟をいじめるなんて、ひどいお兄ちゃんね」

⟪

「弟が痛がっているよ。たたくのはよくないことだよ」

「またおもちゃを壊したの？　どうしてそんなに乱暴なの？」

⟪

「物を大事に使わないと壊れてしまうよ」

こんなふうに言い換えてみましょう。とにかく「人格」は否定せず、「行動」だけを否定することです。

わが家の長男と次男はしょっちゅうケンカをしています（長男が次男にちょっかいを出すことがほとんどですが）。子どもが兄弟ゲンカをしたときに、「弟をいじめるなんて、ひどいお兄ちゃんね」と兄のほうをしかると、弟のほうにも「自分はいじめられるような子なんだ」という否定的な自己意識を植えつけることになります。

そこで私はこんな言い方もしています。

「よっぽど弟のことが好きなんだね。でも、気持ちの伝え方を変えたほうがいいよ」

こういう言い方をすると、弟のほうも「お兄ちゃんは自分のことが好きだから、ちょっかいを出してくるんだ」と肯定的に捉えることができます。

私はさらに、長男に罰を与える代わりに、次男が喜ぶことを5つ考えて実行してもらうなど、ポジティブなかたちでフォローをさせるようにしています。

もちろん、これだけでは兄弟ゲンカをなくすことはできないのですが、子どもたちの捉え方は大きく変わります。

欠点を指摘せず、悪い結果が起きたときに指摘する

「いつも忘れ物をするんだから、ちゃんと確認しなさい」

親としては、子どもの苦手な部分をあらかじめ指摘してフォローしようとして言ってい

るのかもしれませんが、こういうしかり方もいいとは言えません。
特に日本は「短所を指摘して直させる」という子育てをする人が多いように思います。でも、自分に置き換えて考えてみたらどうでしょうか。「あなたはこれができないから直しましょう」と言われても、素直にその気になれませんよね。

あらかじめ欠点を指摘するしかり方は、自己意識を固定してしまうため逆効果です。人間は自分の思い描く自己意識の通りになります。親が子どもに日々かける言葉は、呪文のように子どもの意識に刷り込まれていきます。
「あなたは忘れっぽい」としかってばかりいるのは、「忘れ物をする人になりなさい」と言い続けるようなものです。子どもは親に言われた通り、忘れ物をくり返すようになります。欠点を先回りして指摘せず、悪い結果が出たときに指摘しましょう。

「今日は消しゴムを忘れて困ったね。明日は忘れないように、どうすればいい？」

実際に悪い結果が出たときには、否定せず、「困ったね」など子どもの視点に立った言葉で指摘したうえで、つぎはどうすればいいのか子どもと一緒に考えます。

また、子どもの自己意識に影響するのは、大人の言葉だけではありません。兄弟の言葉も自己意識に大きく影響します。私は長男が次男に「バカ」と言ったとき、「そうやってお兄ちゃんが『バカ』って言ったせいで、弟が『自分はバカだ』と思い込むようになってしまったら、ママは悲しいよ」と言ったことがあります。

ほかの子や自分と比べない

「△△ちゃんはもうアルファベットを全部覚えたんだって。○○もがんばらないと」

「お兄ちゃんは3歳のときには一人でトイレができたのに……」

このように、**親がほかの子と自分を比べてしかることほど、子どもの自己肯定感を低下させるものはありません。**

親としては、ついほかの子が気になって、わが子のやる気を引き出すために言っているのかもしれませんが、比べていたらキリがありません。そもそも、ほかの子ができてもできなくても、自分の子どもの成長には関係ないのです。

「お母さんはそんな悪いことしたことないよ」「お父さんは幼稚園の頃には足し算も引き

算もできたぞ」といったしかり方も避けたほうがいいでしょう。**親自身と比べて子どもを評価すると、「親は優秀なのに自分は落ちこぼれ」「親を悲しませている」と子どもにつらい思いをさせてしまいます。**

「足が遅いのは私に似ちゃったのね」「お父さんと一緒で、英語が苦手なんだな」といった言葉も、親はしかっているつもりはありませんが、同じことです。こんなふうに「親ゆずり」と決めつけて子どもの自己意識を固定してしまうと、「運動が苦手」「英語が苦手」と思い込んでしまい、チャレンジする気持ちが低下してしまいます。

問い詰めない、感情的にならない

「どうしてそんなこともできないの⁉」

「自分の何がいけなかったか、言ってみなさい！」

こんなふうに問い詰められても、子どもは答えられません。「怒られた」「自分はダメな子なんだ」というマイナスの気持ちしか残りませんし、問い詰められてパニックになれば、どうすればよいのか考えられず、もっとできなくなってしまいます。

「感情的にならない」というのは、わかっているけれどなかなか難しいという人が多いでしょう（私もその一人です）。

アンガーマネジメントでは、「怒りのピークは6秒で終わる」とも言われています。イライラして感情的になりそうな自分に気づいたら、ほかの部屋に行くなどしてその場を離れるのが得策です。

できないことがあるということは、それだけ伸びしろがあるということです。つい焦ってしまうこともあるかもしれませんが、「今日できないことは来月できればいい」というくらいの気持ちで見守りましょう。

そして、これは親についても同じことです。いつも上手にほめたりしかれたりする親はいません。強くしかってしまい落ち込むことがあっても、「そのぶん明日はほめてあげよう」「ぎゅっとハグしてあげよう」と気持ちを切り替えましょう。

否定的な言葉や嘘の言葉でしからない

また、めったに使うことはないと思いますが、「バカ」「ダメな子」「グズ」「嫌い」などの否定的な言葉は子どもの心を深く傷つけ、自己肯定感を大きく低下させます。

「言うことを聞かないなら出て行きなさい!」といった嘘の言葉も禁句です。第5章の「意志力」のところでもお話ししますが、思ってもいないことを口にすることは、子どもを傷つけるだけでなく、親子の信頼関係にヒビを入れることになってしまいます。

自己肯定感を育てる⑤

お手伝いは3〜4歳に始めるのが効果的

お手伝いは何歳からさせる？

お手伝いは、「自分は必要とされている」「誰かの役に立てる」という気持ちを持てるため自己肯定感を高めますし、親のほうもほめるチャンスができるので一石二鳥です。習い事で忙しいからとお手伝いさせない家庭もありますが、とてももったいないことです。

家庭教育を専門とするミネソタ大学のマーティ・ロスマン名誉教授の研究結果から、幼いうちから家事の手伝いをさせるとその後の人生にプラスの影響があることがわかっています。ロスマン名誉教授は、**お手伝いをさせることで、子どもの責任感や能力、自立心、自尊心を養うことができ、それが生涯、子どもの糧となる**と指摘しています。

ロスマン名誉教授は、20代半ばの84人の若者の人生を、学歴、職業、ＩＱ、人間関係、薬物使用など、個人的な成功を測るための尺度を用いて比べてみました。

その際、両親との関わり方のほか、3歳から4歳、9歳から10歳、15歳から16歳の3つの期間のいつからお手伝いを始めたかを調査したところ、もっとも成功したと言える人生を送っていたのは3歳から4歳のときにお手伝いを始めたグループでした。想像はつくと思いますが15歳からでは遅すぎで、むしろその年齢からお手伝いを始めることは逆効果になるという結果になりました。

また、ロスマン名誉教授は、お手伝いはその子の能力を超えるものであってはならず、やり方を教えるときもその子に合った方法で教えること、家族会議や週ごとのやることリストなどを活用し、どの家事をするかを子どもと一緒に考えるべきであるとしています。

子どもにお手伝いをさせるときのポイント

3～4歳の子にお手伝いをさせるのは、簡単なことではありません。余計なことをしてしまうし、自分でやったほうが早いことが多いです。でも、子どもにまかせましょう。いずれ戦力になってくれます。

テーブルを拭く、ものを運ぶ、洗濯したタオルをたたむなどプロセスが単純なお手伝いは、小さい子でもできます。わが家では、3人の子どもたちが、私が買い物をした食品を車から運び出して冷蔵庫に入れるお手伝いをしてくれています。

10歳の長男のお手伝いは、週1回のゴミの日の前夜に、家中のすべてのゴミ箱からゴミを集めてくることです。ただゴミを集めるだけでなく、空になったゴミ箱にゴミ袋をセットするのも彼の役目です。最初は、きれいにゴミ袋をセットできていないこともありましたが、今は上手にやってくれるようになりました。

次男には5歳の頃から、自分の洋服を自分でしまうことをお手伝いとしてやってもらっています。難しいとやりたくなくなるので、「きちんとたたまなくても引き出しに入れればOK」など、ハードルを下げて、やりやすい方法でやらせるようにしています。

混ぜる、こねるなどの包丁を使わない料理もいいお手伝いになります。うちの2歳の娘にパンケーキの生地を混ぜてもらったことがありますが、しっかり者の娘は、混ぜながらまわりに飛び散った生地まできれいに拭いていました。

プロセスがいくつかある難しいお手伝いの場合は、最初のうちは親と一緒にやるか、手順を絵に描いて見せるなど、子どもにとってわかりやすい方法で教えるといいでしょう。

ちなみに、ロスマン名誉教授も指摘していますが、お手伝いをした見返りにお小遣いをあげると、報酬がなければお手伝いをしなくなるので、おすすめしません。わが家では、お小遣いのもらえる「仕事」は日々のお手伝いとは別に用意しています。

お手伝いをしてくれたら感謝の言葉を

どんなに小さい子でも、「誰かのためにしてあげたい」という気持ちがあり、実際にそれをして感謝されたら誇らしい気持ちになります。子どもがお手伝いをしてくれたら、「ありがとう」「助かるよ」と感謝の気持ちを言葉にして伝えましょう。

もちろん、子どもですから、気分が乗らなくてお手伝いをしてくれないこともあります。やらないときは責めたり、「もういい！　私がやる」と取り上げたりせず、「お母さん、困っているの。やってくれる？」と子どものやる気を引き出すか、「これは○○の役割だよ。約束は守ってね」と自覚を促すようにします。

自己肯定感を育てる⑥

失敗を否定せず、挑戦させる

失敗は悪いことではない

第1章で「イノベーターのマインドセット」として「失敗して、前進する」という考え方をご紹介しましたが、失敗は子どもの成長に必要なものです。

「失敗してもまたチャレンジすればいい」と思える子は、世の中がどう変化しても強く生きていくことができます。失敗を否定すると、自己肯定感が下がるばかりか、将来、失敗を恐れる人になってしまいます。

「今回はできなくて悔しかったね。つぎはどうすればできるかな？」
「今はできなくても大丈夫。○○ならきっとできるようになるよ」
「この結果は自分でどう感じた？」

子どもが失敗しても否定せず、共感しながら、つぎにつなげるための声かけをします。もっと努力が必要なときも、ダメ出しではなく自覚を促す声かけをしましょう。

挑戦する気持ちを応援する

日本にいるあいだ、私は「自分の力の70％くらいしか発揮できていない」という感覚を持っていました。一方、アメリカに来てからは自分の力の１００％どころか１３０％くらい出さなくてはならず、必死に努力して１１０％くらいまで出せるようになりました。

テストは百点満点を求めるのに、人生においては、「失敗しない」「安全」を優先して、世間でそれなりに通用すればよしとするのが日本の子育てのように思います。小学生のうちは「世界で活躍するサッカー選手になりたい」といった大きな夢でも応援するのに、中学生くらいになると「大学に行きなさい」と言うのです。日本では、子どもの転職にも親が口を出すこともあるそうです。子どもが「会社を辞めて起業する」と言ったら、どれだけの親が応援できるでしょうか。

理想の人生を生きるためには、安全な場所から抜け出さなくてはならないこともあります。**リスクをとってチャレンジできたとき、人はより高い自尊心を持つことができます。**

3章のポイント

●自己肯定感は、いいときも悪いときも「自分が好き」と思える気持ち

●自己肯定感は、好奇心、チャレンジする気持ち、問題解決力など、生きるために必要な力を底上げする

●「人の目」を気にしすぎると、他者評価によって自己評価がアップダウンする「エレベーター式人間」になってしまう

●子どもの年齢やキャパシティを超えた先取り学習は、やりすぎると自己肯定感が低下する

●愛情表現や、「よかった探し」、適切なほめ方・しかり方、子どもの能力に合ったお手伝いを頼むことで、自己肯定感が高められる

モンテッソーリ教育

モンテッソーリ教育は、マーク・ザッカーバーグ（フェイスブックの共同創業者）、ラリー・ペイジとセルゲイ・ブリン（グーグルの共同創業者）、ジェフ・ベゾス（アマゾン創業者）、バラク・オバマ（元アメリカ大統領）など数多くのアメリカの著名人のほか、イギリス王室のウィリアム王子とヘンリー王子、日本では数々の最年少記録を持つプロ棋士の藤井聡太さんが幼少期に受けた教育法として知られています。

（）なりたち

モンテッソーリ教育は、イタリアの女性医師、マリア・モンテッソーリ（1870～1952年）が考案した教育法です。モンテッソーリは、知的障がい児を観察する中で**子どもが自ら発達する法則**を見つけ、その経験をもとに1907年にローマの貧民街で未就学児のための施設「子どもの家」を開設しました。

100年以上前に生まれたこの教育法は、世界各地で支持され、今では140以上の国にモンテッソーリ教育の実施園があると言われています。

◯教育の理念

モンテッソーリ教育では、**「自立していて、有能で、責任感と他人への思いやりがあり、生涯学び続ける姿勢を持った人間を育てること」**を教育の目的としています。

子どもには自分で自分を育てる**「自己教育力」**があると考え、**大人が子どもに一方的に「教える」のではなく、子どもが「自己教育力」を発揮して自ら学ぶための「環境を整える」**ことを重視しています。そのために、大人は子どもの発達段階や関心のあることを正しく理解し、子どもが「やってみたい」と思う環境を用意するのです。

◯教育の特徴

子どもは「自己教育力」によって自分の力を発達させますが、その発達の仕方はおおまかな段階に分かれており、それを**「敏感期」**と呼びます。「敏感期」はもともと生物学の用語で、「あることに対する感受性が強くなる時期」のことを指します。

敏感期は0～6歳の幼児期に集中しており、具体的には、「言語の敏感期」「秩序の敏感期」「運動の敏感期」「感覚の敏感期」「数の敏感期」「文化の敏感期」があります。

子どもは、適切な敏感期に自分自身を発達させるための課題である**「おしごと」**に取り組みます。たとえば、コップの水を別のコップに移し替える「あけ移し」は、運動の敏感期に子どもが取り組む「おしごと」の一例です。

同じように、ティッシュペーパーを箱から引き出すなど、大人からしたら「困ったいたずら」と思えるようなことも、子どもが自分の「運動の敏感期」に合った活動をしていることのあらわれだとモンテッソーリ教育では考えます。

モンテッソーリ教育を取り入れた施設では、「敏感期」ごとにコーナーを設けます。たとえば、0〜3歳は「粗大運動」「微細運動」「日常生活」「言語」「感覚」「音楽」「美術」の7つ、3〜6歳は「日常生活」「感覚」「言語」「算数」「文化」の5つの環境が用意されます。

教育者は、それぞれのコーナーに「おしごと」をするための「教具」を配置して、子どもが自分の敏感期に合った活動に自由に取り組める環境を用意します。

敏感期に適した「おしごと」に取り組むと**「集中現象」**が起こり、子どもはその課題に没頭するようになります。マリア・モンテッソーリはその状態を「環境に恋をする」と表現しています。

敏感期に合った活動に集中して取り組むと、いずれ子どもは満足します。「あんなにティッシュペーパーを何枚も引き出して大変だったのに、いつの間にかしなくなった」という場合は、子どもが敏感期に必要な活動を十分にしたからだと考えられます。

マリア・モンテッソーリは、大人は**「子どもが一人でできるように手伝う」**ことが大切であり、**「不必要な援助は発達の障害物になる」**としています。

そのため、モンテッソーリ教育の施設では、子どもが自ら「おしごと」を見つけて集中している間は、教育者は手や口を出さずに見守ります。子どもが必要とするときだけ、教育者がさりげなく提示をしたり、お手本を見せたり、ヒントを出して、そのときに適切な環境に子どもを結びつけます。

モンテッソーリ教育を取り入れた保育園や幼稚園は、日本にもたくさんありますし、モンテッソーリ教育を紹介する本も数多く出版されています。

また、第4章でも少しご紹介していますが、インターネットで調べると、家庭でできる「おうちモンテ」のアイデアがたくさん見つかります。本格的なモンテッソーリ教育の教具とは異なる部分もありますが、興味を持った方はそういったものから試してみるのもよいと思います。

第4章

「考える力」が正解のない時代を生き抜く糧になる

新しい時代に求められる3つの「考える力」

時代は「Society 4.0」から「Society 5.0」へ

今、世界は大きな転換期を迎えています。

日本政府が2016年に発表した「第5期科学技術基本計画」では、私たちの生きる社会は今後、「Society（ソサエティ）4.0」から新たに**「Society 5.0」**へとバージョンアップするとされています。

人類は、原始時代の狩猟社会（Society 1.0）から集団で定住する農耕社会（Society 2.0）、さらに産業革命がもたらした工業社会（Society 3.0）を経て、IT技術の発展により現代の情報社会（Society 4.0）を迎えました。

これから訪れる「Society 5.0」は**「超スマート社会」**とも呼ばれ、「IoT（Internet of Things＝モノのインターネット）ですべての人とモノがつながり、さまざまな知識や情報が共有され、今までにない新たな価値を生み出すことで、これらの課題や困難を克服」する社会であるとされています。

日本の文部科学省では、**「Society 5.0」で求められる力として「文章や情報を正確に読み解き対話する力」「科学的に思考・吟味し活用する力」「価値を見つけ生み出す感性と力、好奇心・探求力」を挙げています。**

「自分で考える力」を育てる

工業社会では、「指示されたことを正確に行う能力」が求められていました。その後の情報社会では、「最新の情報を入手すること」「多くの情報を集めること」が重視されました。これからの社会ではさらに、「ＡＩやＩｏＴ、ビッグデータを使って、集めた情報を的確に処理・判断する力や社会問題の解決法を考える力」が求められます。

与えられたタスクをこなす時代は終わり、情報を集めるだけの時代も終わりに近づいています。「Society 5.0」では、「言われたことをいかにうまくやるか」「どれだけ知っているか」にフォーカスした教育から脱け出さなくてはならないのです。

これからの時代は、与えられるのを待つのではなく、一人ひとりが「自分で考える」ことが求められます。具体的にはつぎの3つの「考える力」が必要だと私は考えています。

●知的に考える力

これは、情報をもとに分析する、情報が本当に正しいか判断するなど、「頭」でインテリジェントに考える力です。知的に考える力は、自分の理想の人生を生きるベースになります。

●創造的に考える力

新しい価値を生み出す力や、感性、想像力、インスピレーションなど「魂」で考える力です。イノベーションを起こすための力でもあります。

●人のために考える力

共感する、人を思いやる、自分の思いを人に伝えるなど、「心」で考える力です。社会的スキルの土台になるものであり、自分の力を社会に還元するための力でもあります。

「考える力」は人間だけに与えられた大きな力です。自立心と同じく、いずれ子どもが親の手を離れても、必要なときに子どもの助けとなる最高のギフトです。育てようとしてもすぐに結果が出るものではありませんが、その人の一生を豊かにしてくれます。

遊びやリアルな体験が「脳の基礎体力」をつくる

机に座っていては身につかないこと

第2章で、幼児期は「脳の基礎体力」を育てる時期であるとお話ししました。読み書きや算数などの勉強も大事ですが、**脳の基礎体力を育てるのに最適なのは、遊びやさまざまな体験を通して得られるリアルかつインタラクティブ（双方向）な刺激です。**

子どもの脳は遊びながら成長していきます。じっと見たり、触ったり、音を聞いたりしながら五感を使ってたくさんの刺激を受け取ります。また、人の真似をしたり、思いついたことを試してみたりしながら、多くのことを学んでいます。

- **能動的になれる**（自分の興味のある遊びを選び、自分から行動する）
- **予想外の発見をする**

▼ものごとに対する探究心や関心が生まれる
▼クリエイティブに考えられる（遊び方を考え、工夫する）
▼人との関わりを学ぶ
▼小学校以降の国語、算数、理科、社会、芸術、体育などの教科学習につながる多角的な体験ができる

遊びやリアルな体験のメリットとして、このようなものが考えられます。子どもの好奇心や「やりたい！」という気持ちを刺激することで、さまざまな力を伸ばせるのです。

遊ばせるほど、賢く能力の高い子になる

お茶の水女子大学の内田伸子名誉教授らの研究者とベネッセが立ち上げた「プレイフルラーニング　幼児の『遊びと学び』プロジェクト」が、2013年に「子どもの難関突破経験と子育ての実態に関する調査」を実施しました。

この調査は、偏差値68以上のいわゆる「難関大学」に合格する、弁護士や医師など難関資格・免許を取得する、プロスポーツ選手や国際コンクールの入賞者になるなど技能面で実績を上げるといった「難関突破経験」と小学校就学前（3〜6歳）の遊ばせ方との相関

性を調べたものです。

難関突破経験者の親が「とても意識して取り組んでいた」と答えた割合がもっとも多かったのが、**「思いっきり遊ばせること」（35・8％）**で難関突破未経験者の親（23・1％）との差が大きいという結果になりました。また、「毎日一緒にしていたこと」で多かったのは、**「一緒に話す」（82・0％）**に次いで**「一緒に遊ぶ」（55・7％）**だったそうです。

遊ばせ方や親の関わり方に関する質問では、難関突破経験者の親は**「子どもの思いや意欲を大切にして遊ばせるようにした」（29・7％）**、**「遊びに対する子どもの自発性を大事にした」（28・8％）**がそれぞれ難関突破未経験者の親よりも十数パーセント多くなりました。

また、「就学前の遊びを通じて身につけた力」（集中力、想像力、解決力、応用力、論理力）については、難関突破経験者はすべての指標のポイントが難関突破未経験者よりも高くなりました。特に**難関突破経験者は「集中力」が36・1％ともっとも高く、難関突破未経験者の14・8％よりも20ポイント以上高い**という結果になりました。

そして、「就学前の時期に、時間を忘れて夢中になるコトやモノはありましたか」という設問に対しては、**難関突破経験者は「たくさんあった」（26・3％）が難関突破未経験者（16・4％）を約10ポイント上回りました。**

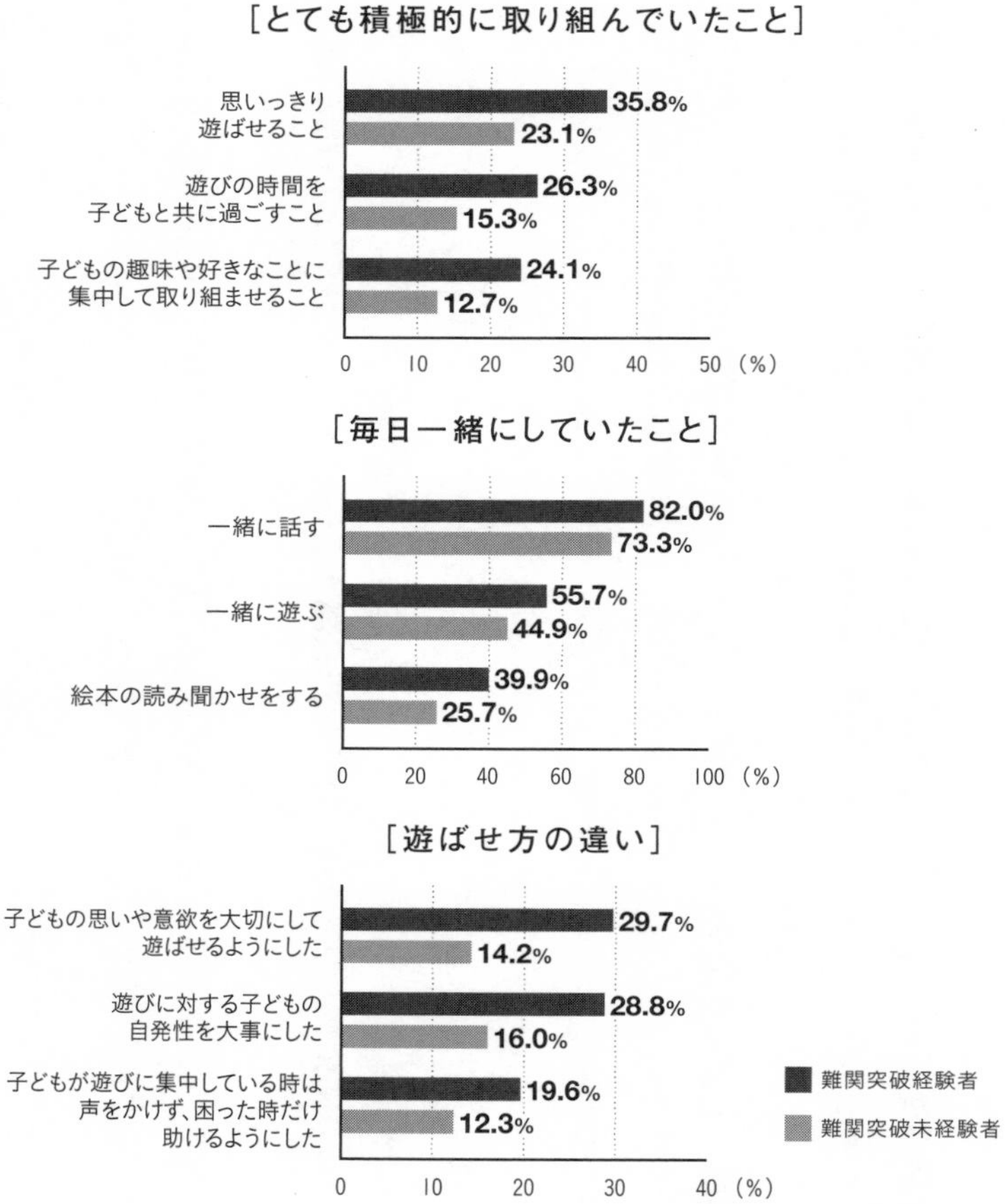

難関突破経験者の親の幼児期の子育て

20代の子どもを持つ親1000人余りに調査したところ、難関突破経験者の親は、勉強だけでなく遊びを重視する傾向があった。

出典：「プレイフルラーニング　幼児の『遊びと学び』プロジェクト」調査資料より抜粋

考える力を育てる①

外遊びやサマーキャンプで好奇心を刺激する

外遊びで五感を刺激しながらクリエイティブに遊ぶ

身近な体験として私が家庭でもそら幼稚園でも重視しているのが外遊びです。子どもが通う幼稚園を選ぶときも、外遊びの時間が十分にあるかは必ずチェックしていました。

そら幼稚園の外遊びの時間には、子どもたちは本当にいきいきと自由に遊んでいます。以前、シリコンバレーのパロアルトにあった園では、花壇に植えた豆や草花、園庭の石やウッドチップなど、子どもたちはなんでも見つけて拾っていました。イマジネーションをはたらかせて、それらの豆や石を、おままごとの食べ物にしたり魔法の宝物にしたりと、思い思いに変身させて遊ぶのです。そら幼稚園では、何を使ってどう遊ぶかは子どもの自由にさせます。よほど危険なことでなければ、保育者はむやみに禁止しません。

季節や天気によって変化する外遊びには、予定調和がないため、つねに発見があります。

子どもは自然との関わりの中で五感をフルにはたらかせ、興味の赴《おもむ》くままに頭と体を動かしながら全身で遊ぶことができます。

また、子どもたちは自分たちで遊びを工夫するのが大好きで、「何回やったら交代ね」とお友だちと考えてルールを決めたり、ボールやゴムの輪を使った遊び、ゴムとびなど、いくつかの遊びを組み合わせたトライアスロンのような遊びを考案したりしています。**クリエイティブに遊びを考えることができるのも、自由な外遊びのメリットです。**

日本では、公園でボール遊びが禁止されたり、ゲームで遊ぶ子が増えたりしたことで、外遊びの機会が減っていると聞きます。週末にはできるだけ公園などに出かけて子どもを外で遊ばせ、保育園や幼稚園を選ぶときには外遊びを重視している園を選んで、できるだけ子どもに外遊びの機会を与えてあげてください。

また、家庭の庭先やベランダで花や野菜を育てるだけでも、子どもにとっては遊びや学びの機会になります。そら幼稚園でも、子どもたちと一緒に草花や野菜を育てています。トマトやきゅうりの小さな苗が育ち、花を咲かせて実がなり、少しずつ色づいておいしく食べられるようになるまでの過程を、毎日楽しみにしている子がたくさんいます。

子どもが好きなものの「実物」を見せる

電車が好きな子なら駅や線路沿いの道に連れて行って電車を見る、動物が好きな子なら動物園に行く、昆虫が好きな子なら昆虫がたくさんいる山や川に連れて行くなど、**子どもに「実物」を見せることを意識しましょう。**

図鑑やＤＶＤ、スマートフォンさえあれば、家にいながらなんでも見せてあげることができますが、子どもに与えるインパクトや、目や耳、肌で感じて吸収する情報量においては実物にはかないません。

特に、言葉を覚え始めたお子さんに写真や動画、イラストだけでなく実物も見せてあげると、覚えられる語彙《ごい》の数が増えます。

また、憧れの職業についてリアルに知ることができる職業体験型のテーマパークもおすすめです。なりたい職業がある子にとっては夢のような世界ですし、特に将来の夢がない子にとっても、さまざまな職業体験をすることが「やりたいこと」を見つけるきっかけの一つになります。

うちの子どもたちを連れて行ったときは、同じ飛行機に関する職業でも、運転が好きな長男はパイロット、人のお世話をするのが好きな次男はキャビンアテンダントをやりたがりました。やってみたい職業に子どもの性格があらわれるので、普段知らない子どもの一面も見られるかもしれません。

サマーキャンプなどの非日常の経験をさせる

「知識は理解のほんの一部にすぎない。真の理解は、実体験から得られるものだ」

これは、発達心理学者で、教育用プログラミングキット「レゴ マインドストーム」などの開発を手がけたＭＩＴ（マサチューセッツ工科大学）メディアラボのシーモア・パパート名誉教授の言葉です。

この言葉は、まさにこれからの教育に欠かせない姿勢をあらわしています。

私も、ドリルなどの教材をたくさん買い与えるよりは、「経験」にお金をかけるほうがずっと子どものためになると考えています。

年に一度は日本や台湾に帰省したり旅行をしたりしてアメリカとは違う文化に触れられるようにしていますし、子どもが関心のあるアクティビティをさせたり、普段とは違う経験をさせたりすることには投資を惜しみません。

子どもに「実体験」をさせる手段として、５～６歳になったらサマーキャンプも視野に入れてみるとよいと思います。**サマーキャンプは、親では教えてあげられないことを子どもに学ばせてあげる絶好のチャンスです。**親と離れて、いつもとは違う場所、いつもとは違うお友だちと経験する非日常的な体験は、大きな刺激となり、子どもを成長させてくれます。

サマーキャンプには昔ながらの林間学校のようなものもあれば、農業体験や昆虫採集ができるもの、国際交流ができるイングリッシュサマーキャンプ、またはアメリカやカナダなど海外で経験するサマーキャンプもあります。

もちろん、子どもだけで送り出す不安もあるでしょう。それでも、サマーキャンプには、今まで知らなかった世界を知ることができる、コミュニケーション能力が高まる、自立心を高めるなど多くのメリットがあります。

私も2人の息子をサマーキャンプに送り出したことがありますが、普段は次男をからかってばかりいる長男が次男の面倒をよく見ていたと聞いて、親には見せない長男の新たな一面に気づかされました。

子どもは夏休みだけど、親は仕事を休めなくてあまり遊んであげられない……という親御さんにもサマーキャンプはおすすめです。

考える力を育てる②

「折り紙」や「おもちゃづくり」で創造的体験をさせる

折り紙で感性や数学的センスを育む

日本の子どもたちも折り紙が好きですが、アメリカでも折り紙はとても人気です。私は幼稚園を経営する前に習い事教室を開いていましたが、折り紙のプライベートレッスンはシリコンバレーの親御さんにもとても好評で、折り紙を教えるサマーキャンプや折り紙を使ったバースデーパーティなどのイベントも人気でした。

日本のすばらしい伝統文化である折り紙は、正方形の紙から動物や植物、飛行機やおもちゃなど、ありとあらゆるものをつくり出す、非常にクリエイティブな遊びです。

1枚の紙が形のあるものに変化する様子、自分の頭で考え手を動かしてつくり上げる経験は、思考力や想像力、クリエイティビティを大いに育みます。

指を上手に使えるようになる3～4歳くらいから、最初は大人が手伝いながらシンプル

な折り紙を楽しんでみましょう。

「犬の顔」や「家」など数回折って完成する簡単な折り紙もありますし、本や動画でさまざまな折り方が紹介されていますので、一度興味を持ったら何歳になっても楽しむことができます。また、何も見せずに子どもに自由に折り紙を使って遊ばせるのも創造性を育《はぐく》むことができておすすめです。

うちの次男も折り紙が好きで、いろいろな折り方で紙飛行機を折って、どれが一番飛ぶか実験をしたりしていました。

折り紙は創造力だけでなく、「半分に折る」「4分の1に折る」「三角形は角が3つ」など、数字や図形に親しめるというメリットもあります。また、折り紙は正方形のままでは立たせることはできませんが、縦半分に折れば立たせることができますし、じゃばら折りにすれば強度が増して、お皿のように上にお菓子やコインを乗せることもできます。

このように**折り紙には、アートだけでなく数学、工学の要素もあるため、子ども向けのSTEAM教育のワークショップでも折り紙が使われることがあります。**

段ボールや空き箱でおもちゃづくり

自分ではさみやのりを使える年齢になったら、おもちゃづくりに挑戦してみましょう。**おもちゃづくりは、発想力や感性、ものに対する観察眼や、創意工夫する力などを育むことができます。**

素材はどの家庭にもある、段ボールやトイレットペーパーの芯、牛乳パックや空き箱などで十分です。大人にとっては「リサイクルゴミ」ですが、子どもにとっては好きなようにおもちゃをつくれる夢のような素材です。

わが家の長男と次男も段ボールや空き箱を使って自由におもちゃをつくっています。あるときは、空き箱をつなげて大きな街をつくっていました。ペンで道路や横断歩道、お店を描き、カッターで四角くスペースを切り取ってガレージをつくり、筒状のお菓子の容れ物で空港の管制塔までつくって、その「街」の中に、ミニカーや飛行機などすでに持って

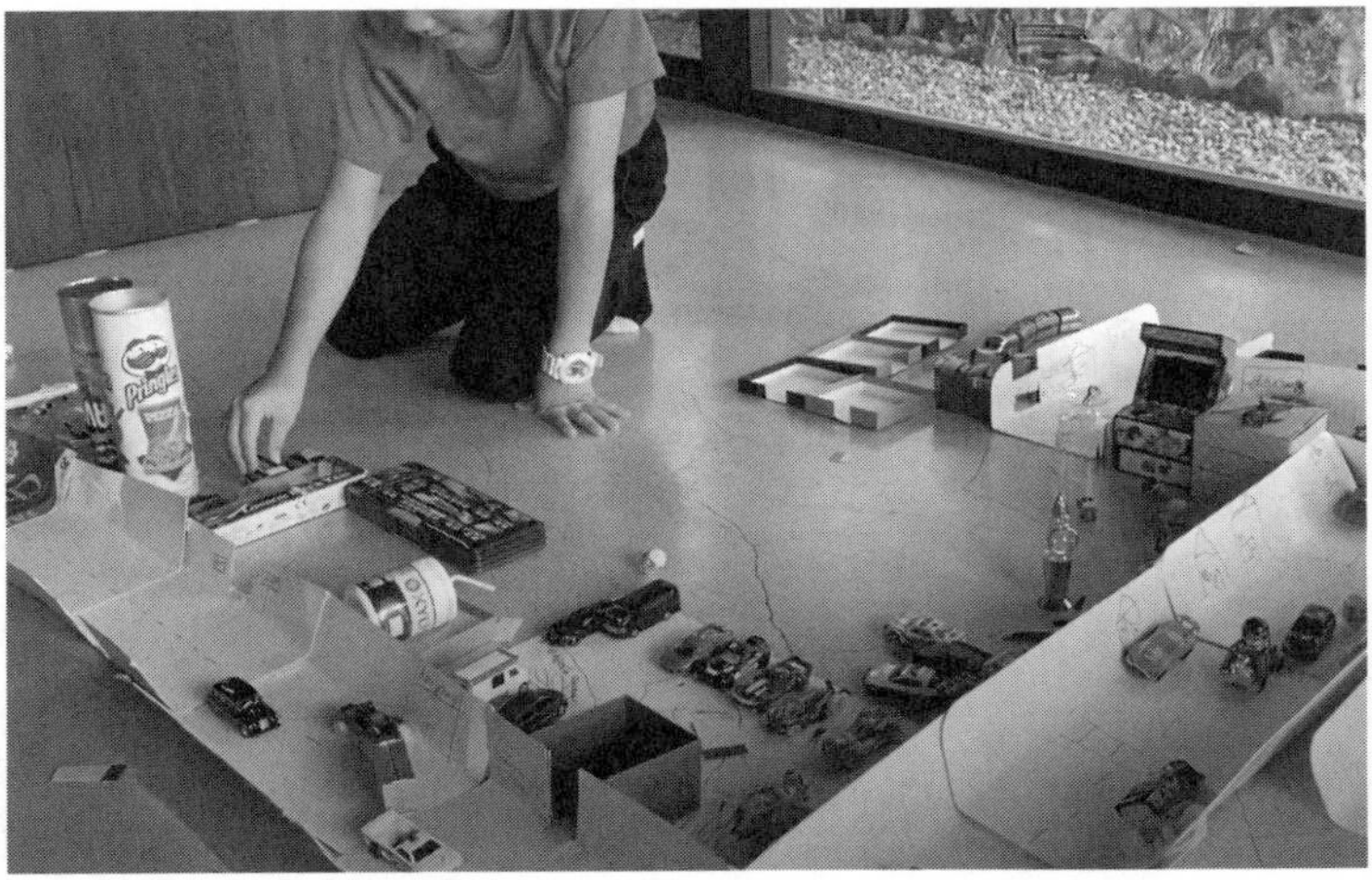

長男と次男が空き箱をつなげてつくった街。
左奥のお菓子の容れ物が管制塔です。

いるおもちゃを配置して動かしていました。手づくりのおもちゃと市販のおもちゃを混ぜると、遊びの世界が広がります。

またあるときは、段ボールで兄弟の秘密基地をつくっていましたが、基地に入場する際に必要なＩＤカードを入れる差し込み口も用意するなど、なかなか手が込んでいました。

子どもが思いついたときに遊べるように、わが家では、リサイクルグッズを紙袋に入れて用意しておき、大人が使うような本格的な道具箱にはさみやテープなどを揃えて子どもの手の届くところに置いています。

このおもちゃづくりをそら幼稚園でも取り入れたところ、子どもたちに大好評！　先生が家から持ってきたリサイクルグッズを使って子どもたちは思い思いにおもちゃをつくっていました。あっという間に牛乳パックやトイレットペーパーの芯を犬やカメラに変身させるその発想力には驚かされました。また、自作のおもちゃはつくるのにお金はかかりませんが、お金を出して買ったおもちゃより大事にして、ずっととっておく子が多いのです。おもちゃが豊富にある現代だからこそ、世界に一つだけ、自分だけのおもちゃをつくる喜びは格別なのでしょう。

おもちゃづくりは、STEAM教育にも通じるところがあります。

たとえば、空き箱と輪ゴムでギターをつくるとします。空気が振動することで音が出ることを知る（科学）、実際のギターをお手本に、何本の輪ゴムをどう配置すれば音が出るかを考えて工作をする（数学、工学）、そのギターで演奏する（アート）、演奏した音を録音してパソコン上で作曲をする（技術）など、工夫次第で遊びを通してさまざまなことを学ぶことも可能です。

イノベーターの創造性を育んだレゴブロック

『未来のイノベーターはどう育つのか』（英治出版）で、著者のトニー・ワグナーは、多くのイノベーターやその親にインタビューした結果、**「おもちゃを減らすこと。与えるとす**

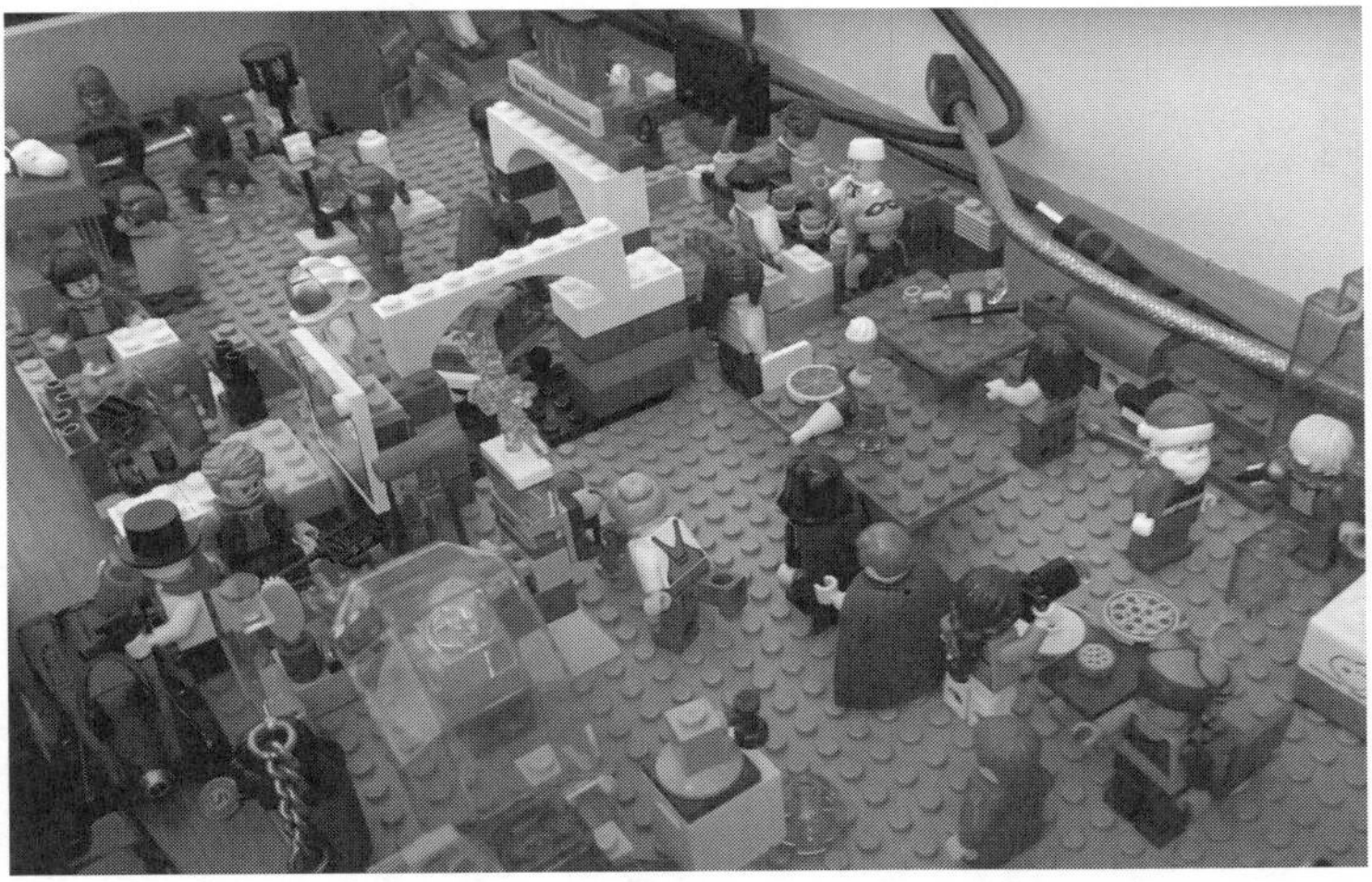

長男と次男は、ピザ屋さん、ホテル、病院、ドッグランやジムなど、思いつくままに自分たちのレゴの街をつくり上げていました。

れば、想像力と発明を促すおもちゃにすること」が重要だと指摘しています。そして、**多くのイノベーターが子ども時代に親しんでいた「想像力と発明を促すおもちゃ」はレゴブロックでした。**

シンプルなレゴブロックは、自由自在に形をつくることができ、子どものひらめき次第でお城にもなればロボットにもなります。思ったような形にならなければ、どうすれば自分が思い描く形に近づくか試行錯誤することもできます。

また、現代の子どもたちはスマートフォンなどを通して二次元の情報に触れる機会が多いですが、**レゴブロックで遊ぶと三次元で立体的に考える力や指先を細かく動かす力、集中力も身につきます。**

そら幼稚園でも子どもがすぐに手に取れるところにレゴブロックを置いていますし、うちの長男もレゴブロックが大好きです。最初は幼児向けの「デュプロ」から始めましたが、今はスターウォーズなどのキャラクターのレゴブロックに夢中です。最近では、自分だけの「レゴギャラリー」をつくったり、次男と一緒に「レゴの街」をつくっていました。

タブレットやパソコンに親しむ年齢なら、子ども向けの「スクラッチ（Scratch）」などでプログラミングを楽しんでいるお子さんも多いかもしれません。スクラッチでは、まさにレゴのようなブロックを組み立てることでスクリプト（プログラム）を作成します。

また、幼稚園・保育園向けから中高生向けまで、プログラミング教育に特化したレゴの教材も販売されています。

家にあるものでできる理科実験

長男と次男はよく科学的な実験遊びをしていますが、これも創造的体験の一つです。

あるときは、重曹、お酢、石けん、青い食紅を用意して、材料の配合や入れる順番を変えながら実験をしていました、重曹とお酢が反応して発生する二酸化炭素の泡の細かさや食紅の色の濃さの違いを観察して楽しんでいたようです。

同じく重曹とお酢を使った火山も好きでよく庭で実験をしていました。粘土で火口のあ

る山をつくってその中心に瓶を入れます。その火口の中に重曹とお酢を入れると泡があふれて「噴火」するのです。息子たちは火山のまわりに恐竜のフィギュアを配置したりして、本格的に楽しんでいました。

洗濯のりとホウ砂を使ったスライムづくりも、万国共通で子どもたちが好きな実験かもしれません。

本やインターネットで調べるとさまざまな理科実験が見つかりますので、ぜひお子さんと試してみてください。

実験を通して学べることもたくさんありますが、勉強を目的にするよりは、失敗したりアレンジしたりしながら自由に遊ぶことをおすすめします。

考える力を育てる③

正解を求めない問いかけをする

「どうして？」の答えはすぐには教えない

4～5歳くらいから、子どもは「どうしてこうなるの？」「どうやったらできるの？」と親を質問攻めにすることが増えてきます。そんなとき、みなさんはどうしていますか？

私は「どうして？」と聞かれても、すぐには答えを教えないようにしています。たとえば、「石は何でできているの？」と聞かれても、「何でできていると思う？」と聞き返し、たとえば子どもが「土かな？」と自分の考えを述べたら、さらに「どうしてそう思う？」「土をぎゅーと固めたら石になるのかな？」と問いかけて子どもに考えさせます。

答えを知ることも、図鑑やインターネットで調べることも大切ですが、すぐに答えを出してしまうと、「考える習慣」が身につきません。**たとえ答えがまるで違っていたとしても、想像したり、類推したりしたほうが、「創造的に考える力」を鍛えることができます。**

その日のニュースや政治の話など、大人の会話に子どもが「なんの話？」と興味を持って参加したがることもあるでしょう。そんなときは、「子どもには関係ない」と言わずに、子どもも会話の輪に入れてあげてください。

たとえ子どもが内容をよく理解できていなくても、「どうしてだろうね？」と問いかけてみましょう。考える力を育てるだけでなく、「一人前」と認めてあげることで自己肯定感を育むこともできます。

正解は必ず出さなくてはいけないわけではない

子どもは予想外の質問をしてくるので、正解がわからないことも多いかもしれません。でも、それでいいのです。「お父さんにもわからないな」「どうしてだろうね。不思議だね」など、答えがわからない事柄や未知の世界のおもしろさを共有しましょう。

何よりも大切なのは、**「つねに正解を出さなくてはならない」「間違っていたら恥ずかしい」という考え方を子どもの心に植えつけない**ことです。

「わからないことでも考えて、自分なりにそのときの考えを導き出す」「難しいことをよりシンプルに置き換えて考えてみる」「今すぐわからなくてもいい。またいずれ答えを思いつかもしれない」。**小さいときからそういった思考の訓練をすることは、子どもの将来に大いに役立ちます。**

子どもの疑問に徹底的につき合う

レッジョ・エミリア教育（↓182ページ）では、徹底して子どもの「考える力」を育てます。子どもたちの興味や関心をもとに、数人のチームで行う「プロジェッタツィオーネ（英語ではプロジェクト）」と呼ばれる活動を組み立てるのですが、プロジェッタツィオーネの進め方は子どもの興味や関心を尊重したものになっています。

園内で行うという決まりはなく、保育者同伴で園の外で行ってもいいし、プロジェッタツィオーネの期間にも決まりはなく、長い場合は数か月から1年かけることもあります。答えを出さなくてはいけないという制約もありません。**レッジョ・エミリアのプロジェッタツィオーネは子どもの興味や関心、考える力を伸ばすことを最優先しているのです。**

レッジョ・エミリアの保育者は、子どもを観察し、過不足ないフォローをする高いスキルが求められます。家庭で同じことを行うのは現実的ではありませんが、**「子どもの主体性を尊重しながら、考える力を育む」**というスタンスはとても参考になります。

家庭でも、時間が許す限りお子さんの興味や関心につき合ってあげてください。

考える力を育てる④

「美しいもの」「本物」で美意識を育てる

レッジョ・アプローチが育てる芸術的センス

レッジョ・エミリア教育を有名にしたのが、レッジョ・アプローチによって育てられた子どもたちの驚くべき芸術的センスです。日本でも2001年にそれらのアート作品を展示した「子どもたちの100の言葉展」が開催され、レッジョ・エミリア教育の名が知られるようになりました。

レッジョ・アプローチを採用する園では、保育者のほかに教育の専門家「ペダゴジスタ」と芸術の専門家「アトリエリスタ」が配属されます。芸術の専門家がいるというだけでも、芸術教育に力を入れる姿勢がうかがえますが、レッジョ・エミリア教育の芸術に対するこだわりはそれだけに留まりません。

レッジョ・エミリア教育では、子どもに「本物」を与えます。たとえば、園児が絵を描くときに与えられる画材は、普通ならクレヨンと水彩絵の具、色鉛筆で、色も12色くらいだと思います。一方、レッジョ・エミリア教育では、パステルや油彩の絵の具、アクリル絵の具などあらゆる画材を使い、使える色も多彩で、筆などの道具も美大生が使うような上等なものを使わせています。

子どもが色や光に興味を持ったら、蛍光灯や日の光だけでなく、ろうそくの光や色セロファンを通して見える光などさまざまな光に触れさせます。紙に興味を持った子には、ざらざらした紙、すべすべした紙、硬い段ボールなどいろいろな紙を触らせてあげます。

子どもの興味や関心を尊重して、ありとあらゆる「本物」に触れさせることで、子どもたちの芸術的なセンスや創造性を育てているのです。

どんなときも「美」をおろそかにしない

本物志向な教育方針だけを聞くと、裕福な家庭の子どもだけが通うような幼稚園を想像するかもしれません。

けれど、この教育法が産声をあげたのは、第二次世界大戦後、イタリアのレッジョ・エミリアという地方都市です。戦後のお金に余裕のない時代に、新しい教育の実現と女性の活躍を目指して、市民たちがお金を集めて私設の幼稚園をつくったのが始まりでした。

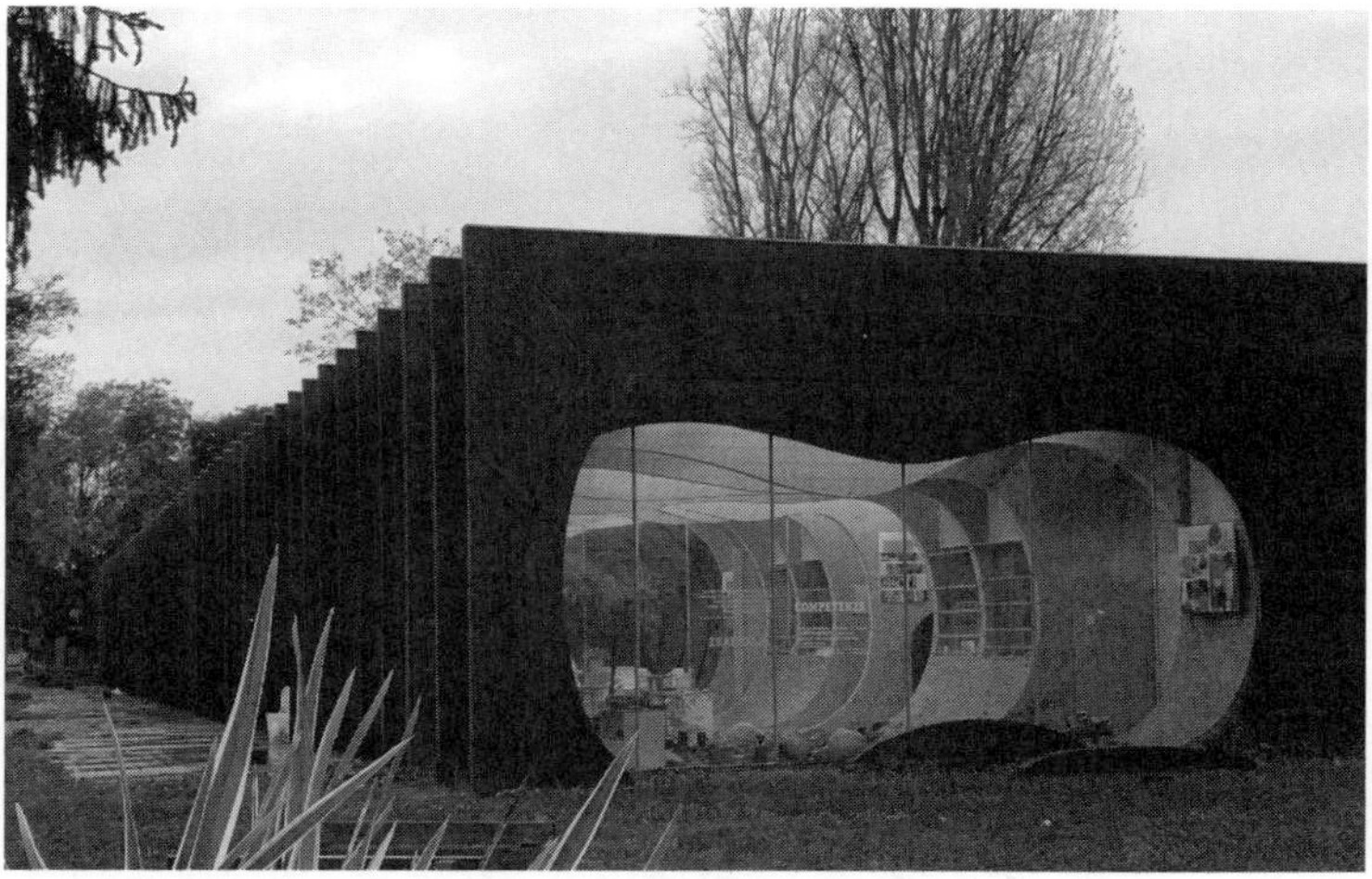

ガラスと木材、直線と曲線が美しく組み合わさった、
まるで美術館のような幼稚園の園舎。

子どもの主体性を重視し、子どもの興味や関心を優先して最高のものを与える教育はその頃から始まっていたのです。

私がレッジョ・エミリアの街のある幼稚園を訪れたとき、木とガラスでできた美しい建物に目を奪われました。外観だけでなく、建物の中にもふんだんにガラスが使われ、インテリアもセンスのいい家具で揃えられていました。

実はその建物は、大地震に見舞われ、一部損壊した園舎を建て替えてできたものなのです。

イタリアも日本と同じく大地震が多い国です。日本で大地震のあとに幼稚園をつくるとしたら、プレハブの仮設園舎を建て、その後に耐震強度のある頑丈な園舎を建てると思いますが、レッジョ・エミリアではそれをよしとしないのかもしれません。

レッジョ・エミリアの駅も、真っ白で、流線形を描いた斬新なデザインが美しい駅舎が特徴です。さらに、街のレストランで食事をしたときも、ふるまわれる料理の質の高さに驚かされました。もちもちのピザ生地に濃厚な味のチーズがふんだんに使われ、ひと口食べただけでそのこだわりが伝わるおいしさでした。

レッジョ・エミリアの街では、何においても「美しさ」や「本物」を重視しているのです。その一貫した美意識に、私は衝撃を受けました。

美意識は人を高め、人を魅了する

レッジョ・エミリアの美意識に感銘を受けた私は、**「人の心を魅了するのは『美』なのだ」「子どものうちから美意識を育てることで、大人になってから精神的、時間的、経済的に豊かな生活が送れるようになる」**と確信しました。

たとえば、アップルの製品はほとんどの角がゆるやかな曲線を描くなど、細部まで美しいデザインが人気です。そこには、スティーブ・ジョブズの「狂気」とも表現されたこだわりがあらわれています。その美意識は、電子機器をインテリアやファッションにまで高め、持つ人にステイタスを感じさせるまでにいたっています。

美意識は自分の感性や才能も高めてくれます。たとえばゴッホの「ひまわり」の絵を見て「これがあの有名な絵か」としか言えない人もいれば、躍動感のある花や明るい色彩、おだやかなタッチを、ゴッホの人生やほかの画家の作品と比べて語れる人もいます。

STEAM教育においてアートやデザイン思考が重視されていることを考えても、**美意識はただ見た目を美しく整えるだけではなく、人を魅了し、自分を高めてくれる教養なのだ**と私は思っています。

美しいもの、本物に触れられる環境をつくる

見た目の美しさ、内面の美しさなど、さまざまな美意識がありますが、なかでも私は子育てにおいて**「環境の美」**を重視しています。

一流ブランドのバッグを1~2か月使ってみると、偽物を触ったときにすぐにわかります。でも、偽物をずっと使っていると、本物との違いはすぐにはわかりません。ですから、**子どもであっても日々「美しいもの」や「本物」に触れられるように環境を整えてあげることはとても大切**です。

そら幼稚園でも、子どもたちの考える力や自己肯定感が自然と高まるような空間づくりを心がけています。清潔であることはもちろんのこと、床や壁は晴れやかな気持ちになれ

る明るい配色を心がけ、見せない収納で子どもの気が散らないようにしています。また、子どもの目線の高さに美しい絵や好奇心を刺激するおもちゃを配置し、子どもたちの目に入るものが美しく楽しいものであるように配慮しています。京都や鎌倉などで買いつけた手拭いを壁に飾るなど、和の雰囲気が感じられる工夫もしています。

自宅も、空間デザインが得意な夫のこだわりで、壁に飾る額や棚の置き物、ソファにいたるまで、美しいもの、本物で揃えられています。キッチンの道具も職人の手によるもので揃えるなど、すみずみまで夫の美意識が行き届いています。

小さい子どもが3人もいるので、汚されたり壊されたりする心配もありますが、だからといって安物でよし、プラスチックでよし、とはしません。こだわって集めたものだからこそ、汚れたり傷がついたりしたらメンテナンスをして長く使います。

私自身もアメリカに来た当時のお金がないときでも、部屋を美しく整えていました。高価なものを買い揃えなくても、自分の美意識をインテリアに反映することはできます。その頃買ったお気に入りのクッションは、15年以上経った今でも大切に使っています。

環境が人をつくります。美術館や博物館に連れて行くのも子どもの美意識を育てるのに

役立ちますが、毎日暮らす家の環境を美しく整えるほうが、はるかに効果的です。特別にお金をかける必要はありません。いつ捨ててもいいものをたくさん持つのではなく、こだわって選んだ美しいもの、本物を長く使うことを意識してみてください。

子どもの食器も「陶器」にする

モンテッソーリ教育では、食器や教室に置く小物は、プラスチックではなく陶器のものを用いています。以前、私が勤めていたモンテッソーリの幼稚園でも、子どもたちが持参したお弁当を陶器に移し替えて食べさせていました。

割れ物ですからもちろん割れることもありますが、それも学びになります。さっきまで使っていた食器が割れて使えなくなってしまう、きれいな置き物が割れてしまう。**「大事に扱わなくては美しいものが壊れてしまう」ということを学ぶと、子どもはそれらを大切に、落とさないように集中して使うようになります。**

わが家でも、食器は2歳くらいからプラスチックではなく大人と同じように陶器のものを使っています。

同じ理由で、百円ショップのおもちゃはほとんど買いません。100円のおもちゃは子どもも無意識のうちに大切に扱わなくなりますし、すぐになくしてしまうからです。

考える力を育てる⑤

家庭でできるプロジェクトベース学習

家族で話し合い、考える訓練をする

与えられたプロジェクトをもとにグループで話し合い、自分の意見と相手の意見を調整しながら課題に取り組むプロジェクトベース学習は、子どもの考える力を育てるのにとても役立ちます。**プロジェクトベース学習は、多教科にわたる情報をもとにチームで課題に取り組むものですが、これを家庭でも応用することができます。**

たとえばわが家では、私の誕生日を祝うために子どもたちと夫がプロジェクトを考えてくれました。

まず、3人の子どもたちが絵を描いてバースデーカードをつくることにしました。そして、カードを渡すときに今年はどんな演出をするか、そのために何を用意するか。バースデーカードづくりや、バースデーケーキや部屋に飾る花などの準備を私に気づかれないようにいつ誰がやるか。そういったことを夫と子どもたちが相談しながら企画を立て、準備を進めてくれていたのです。夫も「HAPPY BIRTHDAY !」の文字が飛び出すしかけをつくりました。

誕生日当日、家族が祖父母の家に集まり、パーティが開かれました。お祝いの料理を食べたあとにハッピーバースデーの歌を歌ってもらい、バースデーケーキのろうそくを吹き消すと、長男がおもちゃのドローンを操作してバースデーカードを私の手元に届けるという、手の込んだ演出をしてくれました。

誕生祝いの計画を立てる以外にも、料理をする、送る相手のことを考えて年賀状をつくるなども、プロジェクトベース学習を応用した家庭で行える取り組みです。

料理は、用意する材料や分量、栄養や食材の色のバランス、食べる人のことまで考えてつくりあげるクリエイティブな作業です。包丁や火を使うことができる年齢の子なら、料理をおいしくつくるための調味料の量や入れる順番、加熱の仕方などを考えることで、数学や理科の学習に役立てることもできます。

家庭内の「困ったこと」から問題解決法を考える

プロジェクトベース学習に似たものに、「問題解決型学習（プロブレム・ベースド・ラーニング）」があります。これも、5～6歳くらいから家庭で応用して取り入れられます。

たとえば、「リビングにものがたくさんあり、散らかりやすい」という問題があったとします。子どもにその原因と解決策を考えてもらいましょう。

まず数日かけてリビングでの家族の動きを観察し、散らかる原因を分析します。その結果、「いつもリビングで勉強するお姉ちゃんの教科書やノートが置かれている」「弟が部屋から持ってきたゲームを置きっぱなしにする」「お母さんは郵便物や学校のプリントをリビングの棚に重ねて置いている」「お父さんは飲んだペットボトルをそのままにしている」といった原因が見えてきます。

それぞれの解決策を考えてもらい、「お姉ちゃんの勉強道具と、郵便物やプリントはリビングに専用の置き場所をつくる」「ゲームやおもちゃは遊んだら自分の部屋に持ち帰る」「ゴミはすぐに捨てる」「毎週日曜日の朝にみんなでリビングの片づけと掃除をする」などルールを決めます。

さらに、そのルールを1か月続けてみて、「リビングが散らかる」という問題が解決したかをチェックします。うまくいっていれば、継続します。このようなPLAN（計画）、DO（実施）、CHECK（評価）、ACT（継続）の「PDCAサイクル」で問題を解決する考え方を家庭でも訓練することができます。

考える力を育てる⑥

生後6か月くらいから シンプルな絵本を読む

読み聞かせのメリット

私は子どもの教育において本への投資を優先しており、子どもが好きそうな本は惜しみなく与えています。また、子どもが0歳のうちから、読み聞かせを習慣にしています。

小さいうちに読み聞かせを始めるメリットとしては、つぎのようなものが考えられます。

- 語彙が増える
- 想像力が養える
- ものごとへの興味や関心が持てる
- 人の気持ちに対する理解が深まる
- 自分とは違う視点を知ることができる

知性をもって考えるためには、語彙力や表現力、想像力も欠かせません。絵本は子どもをファンタジーの世界に連れて行ってくれ、その世界に没頭し、想像する機会を与えてくれます。言葉を覚えるためだけでなく、人の気持ちを理解する力を育むためにも、0歳のうちから読み聞かせをすることをおすすめします。

読み聞かせは生後6か月から始めるといい

読み聞かせを始めたときの子どもの年齢と子どもの言語発達に関する研究は、各国で行われています。それらの研究結果によると、**生後6か月前後から読み聞かせを始める親がもっとも多く、ほとんどの場合、1歳3か月から2歳までには読み聞かせを始めています。**

また、多くの親が毎日、または週に5～6日読み聞かせをしていることがわかりました。

いずれの研究でも、早いうちから読み聞かせを始めた子どものほうが、言語理解や音声認識（音韻能力）、概念の形成など、言語発達におけるメリットが見られ、小学校入学前の読書頻度が高いこともわかりました。

想像力や語彙力を育てるおすすめの絵本

0～3歳くらいまでの小さなお子さんにおすすめなのは、**文字が少なく、絵がシンプル**

で子どもが自由に想像力をはたらかせることができる絵本です。この時期の子どもに絵や文字がたくさんある本を見せると、注意力が散漫になり、お話に集中できなくなってしまいます。また、さまざまなタッチの絵が描かれた絵本を選ぶのもポイントです。

私はそれらの条件に合う、「こどものとも 0.1.2.」(福音館)の絵本を毎月定期購読していました。うちの子どもたちは3人とも大好きで、何度も読んでいます。

最初のうちは、こういったシンプルな絵本をいくつか購入するか図書館で借りるなどして、どういう絵本が好きか、子どもの好みを探るのがよいと思います。子どもが自分で読みたい絵本を選べるようになったら、読みたい本を自由に選ばせてあげましょう。

また、動物や食べ物、乗り物、体の部位など、身の回りのものの言葉が学べる言葉図鑑もおすすめです。公園にお散歩に行ったり、電車に乗ったり、スーパーに行ったりと、普段の生活の中で子どもたちはさまざまな言葉に触れます。**図鑑を読んであげると、そういった「もの」と「言葉」の結びつきが強化でき、語彙が増えていきます。**

効果的な絵本の読み方

まずは絵本に書かれた文字をその通りに読みます。つぎに、子どもが感想を言える年齢になったら、絵本の内容についてどう思うかを聞いたり、子どもの想像力の赴くままにお話をふくらませたりします。

さらに、絵柄をもとに発展させることもできます。たとえば、いちごが出てくる絵本なら、「はい、どうぞ」と絵本の中のいちごをつまんで子どもの口元に手を持っていくふりをしたり、親もパクッと食べるふりをしたりすると、絵本の楽しみ方が広がります。

絵本は淡々と読むのではなく、強弱をつけて感情を込めて読みましょう。そうすることで子どもは喜怒哀楽の感情や人と人との関わり方を本を通して知ることができます。

また、絵本を読んだあとでお話を振り返ると、子どもの脳の中でさらにイメージがふくらみ、言葉のおさらいもすることができます。

絵本を好きになってもらうコツ

よく親御さんから「子どもに絵本に興味を持って、身近なものとして感じてもらうにはどうしたらよいか」という相談を受けることがありますが、いくつかコツがあります。

●子どもが読みたいときにいつでも手に取れるところに置く

子どもの読む絵本は、**子どもが読みたいときに自分で手に取れる場所に置く**のがおすすめです。わが家では、廊下一面に本の表紙を見せるように置けるラックを取りつけ、ハイハイをしている赤ちゃんのときでも手に取れる位置に本を置いています。

本棚に入れる場合でも下の棚に絵本を入れましょう。子どもがいつも遊んでいるスペースにバスケットを置き、その中に本をまとめて入れるのもおすすめです。

●本を読むルーティンをつくる

あまり子どもが本に興味を示さず、本を読む習慣が定着しない場合は、**ルーティン化するのがおすすめです**。うちの場合は、子どもが寝る前に2～3冊、本を読むことにしています。ルーティンにすることで、子どもは「寝る前は本を読む時間なんだ」と認識して、本を読むことが毎日の習慣になります。

●子どもがその気にならないなら読まない

もう一つ注意する点として、**子どもが乗り気でないときに無理やり読ませない**ことです。無理やり読ませると、子どもに「本は嫌なもの」という意識を刷り込ませることになり、その子の生涯の学びを大きく左右してしまいます。ほかの遊びをする時間も大切なので、一日に何十冊などノルマを決めて読むのもおすすめしません。長くても30分くらいに留めましょう。

考える力を育てる⑦

「学びの窓」を開く知育遊び

子どもの考える力を育てる知育遊び

いわゆる「知育遊び」も子どもの考える力を鍛えるのに役立ちます。2〜3歳くらいを目安に、間違い探し、塗り絵、迷路など、子どもが好きそうなものから始めてみましょう。円柱さしや、ひも通しなど、モンテッソーリ教育の「おしごと」ができるおもちゃも人気です。また、「おうちモンテ」で検索すると、自宅でできるモンテッソーリの知育遊びがいろいろと紹介されています。なかには、家にある身近なものでつくれるものもあるので、興味のある方はチャレンジしてみてください。

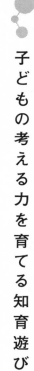

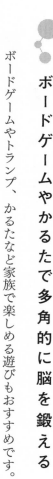

ボードゲームやかるたで多角的に脳を鍛える

ボードゲームやトランプ、かるたなど家族で楽しめる遊びもおすすめです。対面で行う

リアルなゲームは、ルールを覚える、勝つための最善手を考える、相手の出方を見るなど、**記憶力や思考力、注意力などあらゆる脳の側面を鍛えることができます。**

うちの長男はひらがなの書かれたカードをかるたのように使って、「く」は「くるま」など、思いつくものの名前を言いながら遊んでいたので、すぐにひらがなを覚えることができました。動物や食べ物などの絵と名前が書かれたカードもおすすめです。最初は絵を見て名前を言い語彙力を増やす、裏返して神経衰弱のように遊んで記憶力を鍛える、引いたカードでお話をつくって想像力を養うなど、さまざまな使い方ができます。

なぞなぞやクイズ、しりとりで言葉の力を伸ばす

読み書きができるようになってきたら、簡単ななぞなぞやクイズに挑戦してみましょう。外出先で時間を持て余したときに動画サイトなどを見せるよりは、なぞなぞの本で楽しむほうが考える力を育てることができます。

わが家では、ロサンゼルスに車で行くときによくしりとりをしていました。しりとりはクイズやなぞなぞよりも簡単ですし、ゲーム感覚でできるので、楽しみながら語彙を増やすことができます。

これらはあくまで一例ですが、子どもが興味を持って、楽しんで行うことが基本です。

「まじめな子育て」は子どもの考えるチャンスを奪う

親が手をかけすぎると、子どもの能力を伸ばせない

ロシアの心理学者レフ・ヴィゴツキーが提唱した「発達の最近接領域」という考え方があります。

これは、子どもには**「自分でできること」「人の助けを借りればできること」「できないこと」があり、「自分でできること」と「人の助けを借りればできること」の差が「子どもの成長における伸びしろ」である**という理論です。

たとえば、バナナの皮をむいてもらえれば自分で食べられる場合、親が少し皮をむいてあげれば子どもは一人でバナナを食べることができます。このとき、バナナの皮をすべてむいてから切って出してあげるのは自分でできることまで親がやる過保護であり、皮をむかないまま、まるごとバナナを渡すのは、自力でできないことをサポートせずに放置して

発達の最近接領域

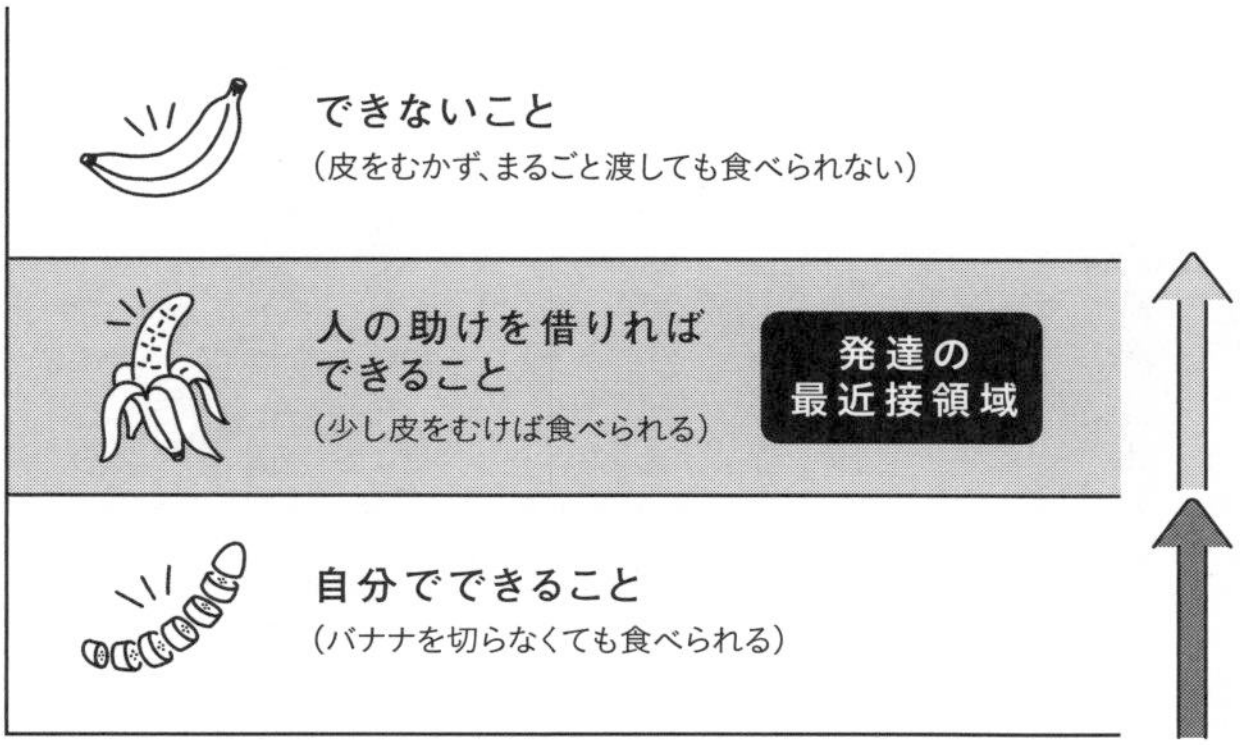

「自分でできること」と「人の助けを借りればできること」の差が「発達の最近接領域」で、子どもの伸びしろとなる。

いることになります。**親が手をかけすぎると、子どもが自分で考えて行動する機会を奪うことになってしまいます。**

つい手をかけてしまう方は、意識して手を抜くくらいでちょうどいいのかもしれません。

たとえば、洋服は親が用意してあげるのではなく、子どもに選ばせましょう。うちの子どもたちは3人とも自分でその日に着る洋服を選んでいます。

子どもの性格やその日の調子によって選べないこともあるかもしれませんが、それでもかまいません。**「選ぶ」ことは考えるための一つの訓練**になります。

子どもが集中しているときは声をかけない

親と一緒に遊べるのは、安心感を感じながら楽しく遊ぶことができ、子どもにとってとても嬉しいことです。でも、いつも親がつきっきりで遊ぶのはあまりよいことではありません。子どもが一人で集中しているときはそっとしておきましょう。

黙々と絵を描いていたり、積み木を重ねていたり、絵本を見ながらひとり言を言っていたり。そういうとき、子どもたちは目の前のものごとに集中し、自分だけの世界で自由に想像を羽ばたかせています。**モンテッソーリ教育では、「ものごとに没頭する時間」が子どもの成長に欠かせないと考え、集中できる体験を重視しています。**

また、上皇后・美智子さまの子育てについてのお考えをまとめた『ナルちゃん憲法』（光文社）にも、ものごとに夢中になれる環境をつくることが大切であると記されています。

まじめな親ほど、子どもに気づきやアイデアを与えようと「パンダがいるね。昨日、テレビで見たね」「ピンクだけじゃなく、オレンジも使ってみたら？」など声をかけてしまいますが、むやみに声をかけて子どもの集中力を途切れさせるのはやめましょう。

子どもが親のほうを見たり、何かを見せにきたときが声がけのベストなタイミングです。「これは何？」「わあ！　こんなに高く積めたの？」など、声をかけてあげましょう。

4章のポイント

- これからの時代は、「知的に考える力」「創造的に考える力」「人のために考える力」が必要となる
- 脳の基礎体力をつくるのは、五感を刺激する遊びや、リアルな体験
- 既製のおもちゃよりも、折り紙やおもちゃづくり、実験などの創造的体験が効果的
- 「美しいもの」「本物」を身の回りに揃えることで、子どもの美意識を育む
- 生後6か月くらいから、想像力や語彙力を育むことを意識して読み聞かせをする

レッジョ・エミリア教育

レッジョ・エミリア教育は、グーグルやディズニーの社内保育園が採用している教育法です。１９９１年には、アメリカの『ニューズウィーク』誌が「世界でもっとも先進的な幼児教育」として取り上げました。

もう一つレッジョ・エミリア教育を世に知らしめたのが、レッジョ・エミリア教育を受けた子どもたちの作品を展示した「子どもたちの１００の言葉展」です。幼児が描いたとは思えない独創的で芸術的センスにあふれるアート作品を集めたこの展示会は、日本でも２００１年に東京で開催され、話題になりました。

◯なりたち

レッジョ・エミリア教育は、第二次世界大戦の直後、北イタリアのレッジョ・エミリア市で生まれました。戦争とファシズムによる独裁から解放されたレッジョ・エミリアの農民や労働者たちが、子どもたちのために新しい私設の幼稚園「アジーロ・デル・ポポロ」をつくったのが始まりです。その中心人物となったのが、小学校の教師だったローリス・

マラグッツィ（1920～1994年）です。

「アジーロ・デル・ポポロ」の教育は、その後、3～6歳を対象にしたレッジョ・エミリア市の公立幼稚園である「幼児学校」と3歳までの子どもを預かる「乳児保育所」に組み込まれました。

教育の理念

レッジョ・エミリア教育の精神をあらわすのが、マラグッツィが記した「100の言葉」（→186ページ）です。その真意は定かではありませんが、この言葉には子どもたちの潜在能力や知性、創造性、自己表現力、そして「百の世界から九十九を奪ってしまう」ことのないように、という大人たちへのメッセージが込められているとも言われています。

教育の特徴

レッジョ・エミリア教育には、決められたカリキュラムや時間割はありません。それでは何をするのかというと、**子どもの関心のあることを探求する「プロジェッタツィオーネ」**（英語でプロジェクト）を行います。

子どもたちは、グループに分かれて「プロジェッタツィオーネ」に取り組みますが、それにかける期間に決まりはなく、数週間かけることもあれば数か月かけることもあります。また、教室で行うこともあれば、学校の外で行うこともあります。**時間も場所も、子どもの探究心や創造性を最大限に伸ばすことを優先して決められるのです。**

グループで行う活動の中で、子どもたち同士がアイデアを出し合ったり、問題について話し合ったりすることで、より深い学びにつながっていきます。

「プロジェッタツィオーネ」は、教育者の助けを借りて子どもたちが話し合いながら組立てていきますが、より適切な活動を行うためには、子どもの意見を聞くだけでなく、子どもの関心事を教育者が観察・分析し、引き出してあげる必要があります。

そのために行われるのが、子どもたちの行動を文字や写真、映像で記録する**「ドキュメンテーション」**です。「ドキュメンテーション」をもとに、活動の内容や必要な教材、その活動を通して子どもたちが何を学べるか、計画的な目標に沿った進行ができているかといった教育者同士の報告会議が開かれます。

レッジョ・エミリアの活動では、本格的な教材が使われます。教材は、絵の具などの画材や粘土、リボン、枯れ葉などさまざまですが、画材は美大生が使うようなものを使わせたり、さまざまな色や形の枯れ葉を集めたりします。また、たとえば光と影の活動をする際には、色水に光を通してみたり、大きなプロジェクターにいろいろな影を映し出してみたりと、子どもの探究心を刺激する工夫がされます。**「プロジェッタツィオーネ」は子どもの関心をもとにつくられますが、ただ子どもの自由にさせるわけではなく、綿密に組み立てられているのです。**決められたカリキュラムがない中で適切な活動をつくり上げるには、教育者の力量が問われます。

そのサポートをするのが、もう一つのレッジョ・エミリア教育の特徴である、**「アトリエリスタ」**と**「ペダゴジスタ」**と呼ばれるプロフェッショナルです。教師や保育者のほかに、美術の専門知識を持った「アトリエリスタ」と大学で教育学を専攻した教育の専門家「ペダゴジスタ」が配置されます。

「アトリエリスタ」は現場の先生たちをフォローしながら、子どもたちの芸術的活動をサポートします。「ペダゴジスタ」は教育学の知識をもとに現場の先生たちにアドバイスをしたり、ときには先生と親の連携を図ることもあります。

プロフェッショナルのサポートを得ながら、本物思考で、子どもの関心や才能を伸ばすための最高の活動を組み立てていくのがレッジョ・エミリアのアプローチです。**創造的で革新的なセンスと他者と協力して取り組む協調性**を育てるレッジョ・エミリア教育は、まさしくこれからの世界で求められる教育と言えるのではないでしょうか。

冗談じゃない。百のものはここにある。

子どもは
百のものでつくられている。
子どもは
百の言葉を
百の手を
百の思いを
百の考え方を
百の遊び方や話し方をもっている。
百、何もかもが百。
聞き方も
驚き方も愛し方も
理解し歌うときの
歓びも百。
発見すべき世界も百。
夢見る世界も百。
子どもは
百の言葉をもっている。
（ほかにもいろいろ百、百、百）
けれども、その九十九は奪われる。
学校も文化も
頭と身体を分け
こう教える。
手を使わないで考えなさい。
頭を使わないでやりなさい。
話をしないで聴きなさい。
楽しまないで理解しなさい。
愛したり驚いたりするのは
イースターとクリスマスのときだけにしなさい。
こうも教える。
すでにある世界を発見しなさい。
そして百の世界から
九十九を奪ってしまう。
こうも教える。
遊びと仕事
現実とファンタジー
科学と発明
空と大地
理性と夢
これらはみんな
ともにあることは
できないんだよと。

つまり、こう教える。
百のものはないと。
子どもは答える。
冗談じゃない。百のものはここにある。

——ローリス・マラグッツィ（佐藤学・訳）

第5章

目的を達成するための「意志力」を育てる

理想の人生を生きるために必要な「意志力」

自分をコントロールして、実行する力

泣いてお菓子を欲しがる、ソファや椅子によじ登る、おもちゃを片づけない、歯磨きを嫌がる……などなど、子どもは、親がしてほしくないことをして、してほしいことをしてくれないときがあるものです。「ダメ！」「やりなさい！」ばかりで毎日イライラしている方も多いことでしょう（私も、その一人です）。

そんな子どもたちに必要なのが、**「意志力」**です。意志力とは、**注意力や感情、欲望をコントロールして、目的を達成し、成長するための力**です。学業、仕事、友人関係、家庭環境、健康や収入など、人生で実現したいものを実現するには意志力が欠かせません。

小学校に入ると、学校やクラスのルールを守る、教師の話を聞き授業に取り組む、出された課題を行うなど、意志力が必要となる場面が多くなります。ですから、意志力は小学

校に入る前、6歳までに育てておきたいのです。

第2章でご紹介した幼児期に育ててあげたい「5つの力」の一つめに「自己肯定感」を挙げましたが、学業成績には自尊心の高さだけでなく意志力が重要だということが、いくつかの研究からわかっています。これについては、勉強には意志力が必要なのでご理解いただけると思います。

また、第4章では「考える力」の大切さをお話ししましたが、考えるだけでなく実行力も必要です。第1章でご紹介した「イノベーターのマインドセット」（↓40ページ）の2つめは「give it a try（ひとまずやってみる）」でした。どんなに斬新なアイデアがあってもそれを実行に移さなければ、イノベーションは起こせません。

意志力とはどんなもの？

意志力とは、「やる気を出そう」「がんばろう」という根性論で高められるものではありません。**意志力は「脳のはたらき」であり、「脳のパワー」に注目する必要があります。**

意志力研究の第一人者であるロイ・バウマイスターの研究をまとめた『WILLPOWER　意志力の科学』（インターシフト）から意志力の特徴をいくつかご紹介しましょう。

● **意志力は筋肉のように鍛えることができる**

「私は意志が弱いから」という人もいますが、意志力の量は性格などによって決められ、一生変わらないわけではありません。**意志力は、適切な方法によって筋肉のように鍛え、伸ばすことができます。**

● **意志力の量には限りがあり、使うと減っていく**

どんなに筋肉を鍛えても、走り続けていれば筋肉が疲労して体が動かなくなるのと同じように、**意志力を使うほど脳が疲労し、パワーが減ります。**運動のあとには休息と栄養が必要ですが、意志力を使ったあとも脳に休息や栄養を与えて回復させることが大切です。

● **意志力が弱まるとかえって刺激を強く感じる**

意志力を使い果たすと、思考や感情、行動を規制する力が弱まり、脳の回路のはたらきも弱まります。そのような状態を「自我消耗《じがしょうもう》」と呼びます。

調子がいいときならクッキーを1枚食べれば気が済むところ、自我が消耗しているともう1枚、あと1枚と食べすぎてしまいます。**脳が疲労すると、意志力が弱まると同時に欲望をそれまで以上に強く感じさせる「二重苦」の状態に陥《おちい》ります。**自分の力が弱まっているのに誘惑が強くなるので、ますます自己コントロールができなくなるのです。

● **我慢したあとはつぎの誘惑に負けやすい**

ある研究によると、試験期間中の学生たちは運動をしなくなり、タバコやカフェイン、アルコールの摂取が増え、寝坊や衝動買いの傾向も高くなることがわかりました。これは、試験勉強に意志力を費やしたことで、ほかの誘惑に対する自制心が弱まったためだと考えられます。また、学生たちはいつもより機嫌が悪く、怒りや失望を感じやすいという傾向もありました。これはストレスが負の感情を生んだというよりも、**意志力が弱まったことで、負の感情をコントロールできなくなった**ためだと言われています。

そのほかの研究でも、**我慢を強いられる状況をがんばって乗り越えた人ほど、さらに我慢を強いられる状況がやってくると耐えられない**ことがわかっています。

● **目標は一つに絞って集中する**

「意志力は使うことで消耗する」「意志力の出所は一つである」ということから、**何かをなしとげたいなら、目標は一つに絞るべきである**とされています。ダイエットをしながら買いたいものを我慢したり、禁煙と禁酒を同時に行ったりするのは難しいのです。

親の意志力が高まると子どもの意志力も高まる

親の意志力の低さが子どもに影響する

『スタンフォードの自分を変える教室』（大和書房）の著者であり、スタンフォード大学の生涯学習プログラムで「意志力の科学」を教えているケリー・マクゴニガルは、**「意志力は感染する」**という驚くべき指摘をしています。

アメリカのある調査では、友人が肥満になった場合、自分も将来肥満になるリスクが171%増加し、姉妹の場合は67%、兄弟の場合は45%増加することがわかっています。

意志の低さは「感染」するのです。しかも、マクゴニガルは、**意志力は特に「好きな人から感染する」**としています。脳は、愛情や親しみを抱いている人を「自分とは違うもの」と捉えるのではなく、「自分と同じもの」と見なすからです。

つまり、**親の意志力が低ければ、子どもの意志力も低くなる**というわけです。こう聞くと親はドキッとするかもしれませんが、目を逸《そ》らさず、よく覚えておくべきです。

子育てにも意志力が必要

子育てにおいては、親の意志力が試される場面がたくさんあります。

「おもちゃは買わない」と約束したのにお店で泣きわめかれてついおもちゃを買ってしまう、「夕飯前にお菓子を食べてはいけない」と言ったけれど泣かれたら「今回だけね」とお菓子をあげてしまう。

親は「子どもがグズるから」「どうしても言うことを聞かないから」という理由で子どもの要求に応えてしまうのですが、これは親の意志力の弱さのあらわれでもあります。

親も子も意志力が弱まると、子どもが自己コントロールできなくなり、親がイライラする場面が増えます。親がイライラすると、子どもがさらに感情的になります。「ヤダ！」と泣きわめく子どもに対して「いい加減にして！」と応戦してしまい、火に油を注ぐ悪循環に陥《おちい》ってしまっているなら、今すぐに意志力を鍛える習慣を始めてみましょう。

幼児期に育てたい「やる力」「やらない力」「望む力」

「やる力」「やらない力」「望む力」

ケリー・マクゴニガルは、意志力には**「やる力」「やらない力」「望む力」**の3つがあると言っています。

たとえば、ダイエットをする場合、運動をするのが「やる力」、カロリーの高いものを食べないのが「やらない力」、理想の体型を思い描くのが「望む力」です。

「やる力」は、片づけや生活習慣、日常のルールから始め、4〜5歳くらいからは読み書きの練習なども取り入れながら、少しずつ鍛えていきます。そのうえで、最終的には小学校に入ってから、出された宿題を期限までに行うなどの自己管理能力が身につけられればよいと思います。

幼児期の子どもに特に身につけさせてあげたいのは、「やらない力」です。なんでもやりたい、触りたい時期の子どもに「やらない力」を身につけさせるのは簡単ではありませんが、**幼児期に自己抑制能力を身につけられるかどうかが、その後の人生に大きく関わります。**

長期的な展望を持ちにくい幼児期の子どもには、未来の自分の理想像を思い描くような「望む力」を育てるのは難しいかもしれません。けれど、子どもの「自分でやってみたい」「もっとできるようになりたい」という気持ちを刺激すれば、「望む力」を育てることはできます。

「やらない力」が人生を決める

「やらない力」が人生にどのような影響を及ぼすかを実証した実験として有名なのが、スタンフォード大学の心理学者ウォルター・ミシェルが行った「マシュマロ実験」です。

4歳の子どもを一人ずつ部屋に入れ、マシュマロを一つ置き、実験者は子どもとある約束をして部屋を出ます。その約束とは、マシュマロは食べたいときに食べていいが、実験者が戻ってくるまで食べずに我慢していられたらもう一つマシュマロをあげるというものです。

実験者が部屋を出てすぐに食べてしまう子もいれば、我慢したものの待ちきれずに食べ

やる力、やらない力、望む力

やる力
運動をして
カロリーを消費する
やらない力
カロリーの高い
食べ物を食べない
望む力
自分が理想とする
体型をイメージする

意志力は、「やる力（実行力）」「やらない力（自制心）」
「望む力（理想を思い描く力）」で成り立っている。

てしまった子、実験者が戻るまで15分間我慢できた子もいました。

この実験には、何年も経ってから驚くべき発見がありました。マシュマロ実験で我慢ができなかった子たちは、その後、学校などで問題を起こすことが多かったのです。

ミシェルらが追跡調査をしたところ、**15分間待っていた子どもたちは、30秒で誘惑に負けてしまった子どもたちよりもSAT（大学進学適性試験）の成績が210点も高く、大人になってからより収入の高い職業につき、肥満や薬物乱用などの可能性も低かった**のです。

マシュマロ実験は一例ですが、似たものはほかにもあります。

ニュージーランドで1000人の子ども

を誕生から32歳まで追跡する大規模な調査が行われました。これは、子どもの自己コントロール能力を観察や、両親や教師、本人の報告などから多角的に評価し、追跡調査をしたものです。

その結果、**自己コントロール能力の高い子どもと低い子どもでは、健康状態や経済的な豊かさ、結婚生活、犯罪率などに大きな差が見られた**のです。

学力も左右する「実行機能」

意志力と似たものにハーバード大学子ども発達センターが提唱する「実行機能」があります。実行機能は、自己制御能力とも呼ばれ、重要なことに集中し、計画を立て、目標を達成するための力です。一生涯の能力の鍵となる要素で、「人生のコアとなるスキル」であるとされています。

実行機能は、空港の管制システムのようなものです。たとえば、子どもたちが「きちんと並びなさい」「おやつは何時」「お片づけをしましょう」など、さまざまな指示や情報を受けながら、それらを整理して今必要ではないものを排除し、「やるべきこと」に集中する力です。

実行機能は生まれて数年の間に大きく発達し、青年期まで発達します。ハーバード大学子ども発達センターでは、大人になるまでに実行機能を鍛えないと「魔の二歳児」のような大人になり、仕事や結婚生活、子育てに支障が出て、社会の一員として人と関わることが難しくなると指摘しています。

実行機能は、**「作業記憶」「自己抑制能力」「思考の柔軟性」**によって成り立つとされています。たとえば、お友だちと順番でゲームをする場合、「自分の番が来たときにカードを引く」と覚えておくのが「作業記憶」です。自分の番が来ていないのにカードを引きたい衝動を抑えるのが「自己抑制能力」、ほかの子が予想外のことをしたときに全体のルールを考えて調整するのが「思考の柔軟性」です。

ここでも「実行機能」と「自己抑制」、つまり「やる力」と「やらない力」が重視されているのです。実行機能も脳と大きく関わり、脳の神経回路を強化することで実行機能が鍛えられると言われています。

幼稚園や保育園では、「静かに待つ」「先生の指示を聞き、その通りに行動する」「片づけや身支度をする」など、実行機能を鍛える場面がたくさんあります。小学校に上がるまでに幼稚園や保育園、そして家庭で実行機能の練習を積み重ねることで、小学生になるための準備ができます。

意志力を育てる①

子どもの意志力を鍛えるために今日からできること

毎日の習慣で意志力を鍛える

先ほどお話ししたように、意志力は筋肉のように鍛えられますが、使うと減ることがわかっています。一度獲得したらずっと使えたらいいのですが、筋力やその他さまざまな能力と同じように、意志力にも限りがあります。

意志力は日々コツコツと鍛え、減ったら回復させなくてはなりません。また、必要以上に消耗しないように、上手に使う工夫も必要でしょう。

意志力の鍛え方・使い方

『WILLPOWER　意志力の科学』と『スタンフォードの自分を変える教室』から、意志力を鍛え、回復させる具体的な方法をいくつかご紹介します。

●体をしっかりと動かす

体をよく動かしたほうが、脳がよりはたらくようになると言われています。特に、屋外で自然に触れられる「グリーン・エクササイズ」がよく、長時間座りっぱなしでいると、意志力の量を増やせないそうです。

特に、子どもはじっとしているのが苦手です。子どもがイライラして、グズることが多いと感じたら、一日に1〜2回、外遊びをさせるか、家の中で体を動かす時間をつくるようにしましょう。

●GI値の低い食べ物を食べる

低血糖症患者は集中力が少ない傾向があり、マイナスの感情をコントロールすることがうまくできないと言われています。では、血糖値を上げればいいのかというとそう簡単ではありません。

たしかに、糖分は意志力の栄養になりますが、血糖値を一気に上げる食べ物をとると、その後、血糖値が急降下します。血糖値の上がり下がりが大きいと、下がったときに意志力が下がりますし、体にも悪影響があります。それを防ぐには、ゆっくりと血糖値を上げるGI値（グリセミック指数）の低い食べ物を食べるとよいとされています。

▼ＧＩ値の高い食べ物：白いパンやじゃがいも、白米などの炭水化物、スナック菓子、ファストフード　など
▼ＧＩ値の低い食べ物：野菜、ナッツ類、生の果物、チーズ、魚、肉、オリーブオイルなどの体によい油脂　など

ＧＩ値の高い食べ物、低い食べ物を知り、日々の食事を見直してみましょう。

●一つのことに集中する

先ほどお話ししたように、意志力は一つのことに集中して使うのがポイントです。食事中に「ちゃんとお椀を持って食べなさい」「おもちゃはきちんと箱に戻しなさい」「また弟をたたいていたね。どうしてすぐにたたくの」など、あれもこれも言わないことです。お椀を持って食べてほしいなら、食事中はお椀を持つことに集中させます。

●意志力を阻害するものに対して先手を打つ

誘惑に負けないようにするには、「実行するために先手を打つ（例：歯医者の予約をする）」「やるべきでないことをやりにくい状況にする（例：クレジットカードを持ち歩かない）」「モチ

ベーションを与える（例：自分なりの報酬や罰則を設ける）」といった「先手」を打つ必要があります。

子どもの場合なら、「電車やお店で騒がない」というルールを出かける前に伝えておく、スーパーに行くときはお菓子の棚の前を通らない、ルールが守れたときの「お楽しみ」を用意するといった方法が考えられます。

●呼吸を整える（瞑想をする）

一日5分の瞑想《めいそう》が意志力を回復させると言われています。静かに椅子に座り、目を閉じるか壁など刺激の少ない一点を見つめながら、「吸う」「吐く」に意識を集中します。

イギリスでは国家レベルでマインドフルネスに取り組み、教育にも取り入れられています。マインドフルネスは、瞑想などの訓練により、心を「今、ここにあるがままの状態」に集中させることです。長男の通っている学校でも瞑想を行っています。

ただ、幼児期の子どもが瞑想を行うのは簡単ではないので、「ゆっくり呼吸をして整える」という点を参考にするのがよいと思います。

意志力を育てる②

早寝を習慣にし十分な睡眠をとる

規則正しい睡眠が意志力を回復させる

睡眠は意志力を回復させるためにもっとも重要なものとされています。

睡眠不足だと、脳に栄養を与えてもそのエネルギーをうまく使うことができず、エネルギー不足になります。そうすると、脳の各領域の連携がうまくいかず、自制心がはたらきにくくなるのです。

大人の場合、就寝時間が遅くなったり、睡眠時間が6時間未満になったりすると脳の疲れがとれず、意志力を回復させるのが難しいと言われています。

脳が大きく成長する幼児期の子どもには、なおのこと睡眠が重要です。子どもは寝る間に心を安定させ、体も成長していくのです。

睡眠には「ルーティン」が必要

私は子どもの「睡眠のルーティン」を守ることをとても大事にしています。特に就寝時間を重視しており、うちの子どもたちは、平日でも週末でも旅行中でも、必ず8時半から9時には寝かせています。週末だからといって、いつもより遅く寝かせてしまうと、必ずつぎの日にグズったりするので、就寝時間は必ず守ります。

そら幼稚園に通う子どもたちを見ていても、毎日同じ時間に寝て、同じ時間に起きている子どもたちは、元気がよく、保育者とのコミュニケーションも安定し、ものごとに興味をもち、やるべきことにもきちんと取り組んでいます。

一方で、なんとなく落ち着きがない、集中力がなく間違いが多い、お友だちに対してイライラしやすい、怒りっぽいという子がいます。また明らかな理由もなく「幼稚園に行きたくない」という子もいます。そういう子の生活パターンを確認すると、ほとんどの場合、睡眠時間が乱れていることが原因になっています。

就寝時間が遅くなったり、睡眠時間が短くなったりすると、幼児にとっては大きな負担になります。特に、夜の10時から2時の間は成長ホルモンが多く分泌されると言われているので、どんなに遅くなるとしても10時前には寝かせてあげましょう。

「睡眠のルーティン」のつくり方

毎日同じ時間に寝るためには、「睡眠のルーティン」をつくることがとても大切です。ルーティンをつくるためにわが家ではつぎのようなことを実践しています。

● 昼寝の時間を守る

3歳くらいまでは、昼寝のルーティンも非常に重要です。保育園や幼稚園に通っている子どもの場合、家で昼寝をするのは休日です。休みの日だからといって、家族の都合でそのルーティンを崩さないようにしましょう。

わが家では、休日の予定はすべて2歳の娘のお昼寝の時間に合わせて組みます。娘が寝る13～15時の間に外出する予定は入れません。親戚などの集まりがある場合は16時以降に行くようにしますし、たとえばディズニーランドに行くときでも、娘の昼寝時間が確保できるように近場にホテルをとるなどの工夫をしています。

● 寝る1時間から1時間半前にお風呂に入り、自由時間をつくる

夜は寝る直前ではなく、少し前にお風呂に入るようにしています。お風呂を出てから子

どもたちはゴロゴロしたり、長男が娘に絵本を読んであげたり、歌を歌ったりと思い思いに過ごしています。子どものテンションが上がってしまう遊びは避けるべきですが、自由に発散する時間を持つことで眠るための準備ができます。

ただ、この時間は長すぎてもよくありません。かえって興奮して寝られなくなってしまいます。わが家ではお風呂から上がって45分から1時間くらいを目安にしています。

うちの場合はある程度、発散する時間を設けていますが、子どもによっては興奮しすぎて眠れなくなることもあるので、お子さんの性格に合わせるのがよいと思います。

● テレビやスマートフォン、タブレットは見せない

お風呂から上がったら、テレビやスマートフォンなどは触らせません。これは大人も同じですが、電子機器のブルーライトを目に入れてしまうと、興奮して寝られなくなるからです。スマートフォンなどの画面を見る「スクリーンタイム」は子どもの脳の発達にいい影響がないので減らす意識を持つことが大切ですが、夜は特に避けるべきです。

● 決まった音楽をかける

これは1歳くらいまでは、実践されている方が多いのではないでしょうか。言葉が通じ

ない赤ちゃんのうちは、寝る前に毎日同じ音楽をかけたり、同じ歌を歌ったりすることで「この音楽が流れたら寝る時間なんだ」と認識させることができます。

うちの場合は「きらきら星」を中国語で歌っていますが、気持ちが落ちつく、ゆったりとした曲や歌であればなんでもよいと思います。

ただ、入眠の環境を変えるのはよくないので、音楽をかけなくても寝られるお子さんであれば、無理にかける必要はないでしょう。

●決まった環境で寝る

これもとても重要なことです。寝かしつけは、お母さんがする日もあれば、お父さんがする日もあるかと思いますが、寝るときの環境だけは変えないようにしましょう。

たとえばうちの場合は、長男と次男は小さいうちから親と一緒に寝ていたので今も同じ部屋で寝ています。娘だけは、赤ちゃんのうちから一人で寝かせていたので、今も寝るときは一人です。

娘を私たちと一緒に寝かせたこともあるのですが、みんなと一緒に寝られることが嬉しくて興奮してしまい、夜10時をすぎても寝つけなくなってしまいました。睡眠リズムが崩れてしまったので、それまで通り、娘は一人で寝かせることにしました。

力を育てる意志③

「やるべきことはやる」「ダメなものはダメ」を徹底する

子どもは親の対応から学習する

毎日のしつけは、すべて子どもにとっての学習の機会です。

「ダメ」と言ったのに子どもに泣かれて言うことを聞いた場合、子どもは「泣けば親は言うことを聞いてくれる」と学習します。これは、「泣けば言うことを聞くよ」と教えているのと同じです。

私は**「やるべきことはやる」「ダメなものはダメ」**を徹底しています。

どんなにグズっても言うことを聞かずにいると、子どもは「どんなに騒いでもダメなんだ」と学習します。

もちろん、それでも困った行動をゼロにすることはできませんが、泣いたり暴れたりすることは減ります。

「やる」「やらない」を徹底すべき4つのこと

私が決めている「やるべきこと」「やってはいけないこと」は、**「安全」「健康」「衛生」「マナー」**に関わることです。これらは、一度悪い習慣が身につくと直すのが大変なので、幼いうちからしっかりとルールを守らせます。

●安全

たとえば駐車場で走り回るのは非常に危険ですから、「必ず手をつなぐ」というルールを守らせます。チャイルドシートやシートベルトも嫌がる子が多いですが、かといって、「つけなくていいよ」とは言えません。

子どもがどんなに嫌がっていても、安全のためにルールを守らせ、守らないとどんな危険があるかその都度伝えます。

●健康

好き嫌いをせずに食べる、早寝をして十分に睡眠をとるといった健康に関わることも、守るべきです。

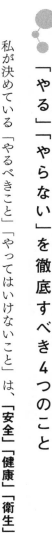

子どもがご飯を食べたがらない場合は食べるように促したうえで、30分など時間を決めて時間内に食べなかったら食事を下げます。ご飯を食べずに、食後のデザートを先に食べたがることもありますが、「デザートはご飯のあと」というルールを徹底します。

食事のタイミングもルールを決めて、「もうすぐご飯だからお菓子はなし」「食事の時間にきちんと食べなければ、その後はお腹が空いても食べられない」と宣言し、その通りに実行します。

夜は早寝を心がけ、平日でも週末でも同じ時間帯に寝ます。睡眠ルーティン（↓204ページ）をつくることを心がけ、子どもが寝たがらなくても、就寝時間を守れるように心がけます。3歳くらいまではお昼寝の時間も十分にとります。

●衛生

手を洗う、顔や体、髪の毛を洗う、歯を磨くといった衛生習慣も嫌がる子が多いと思います。かといって、汚れたままでは不潔ですし、肌トラブルや虫歯につながります。

髪の毛を洗ったあとにお湯で流すのも嫌がる子が多いですが、嫌がっても洗わないわけにはいきません。シャンプーハットを被せるおうちもあるようですが、それだと顔に水をつけることに慣れず、自分で顔を洗えるようになるまでに時間がかかることもあります。

たとえ泣かれても、赤ちゃんのうちから水に慣れさせるほうが、のちのち親も子も楽になります。

●マナー

「ほかの人に不快な思いをさせない」というマナーも、子どものうちからきちんと教えるべきことです。

スーパーやレストランに行く前には、あらかじめ「騒いで言うことを聞かなかったら帰るよ」と伝えておきます。お店は子どもにとって楽しい場所ですから、**外出先で子どものテンションが上がってしまってから注意しても遅い**のです。そして、その約束を破ったら、すぐに帰ります。

ある日、レストランに行ったときのことです。隣のテーブルの2歳くらいの子どもが騒ぎ始め、お母さんが何回注意をしても言うことを聞きませんでした。すると、お母さんは食事をお持ち帰りにし、すぐさまお店を後にしたのです。

つぎにそのレストランでその親子を見かけたときは、その子は静かに食事をしていました。アメリカでは、「お店で騒いだら帰らなくてはいけない」ということを学習させるために、あえて小さな子どもをレストランにつれていく親も多いようです。

対応が一貫していることが大事

「今回だけは特別」「もう一つだけ」「あと1回だけ」。それまでルールを徹底してきても、このような「例外」をつくったとたん、ルールは崩れます。

一貫性のない子育てをしていると子どもの意志力を鍛えることが難しくなります。子どもが我慢する習慣を身につけている最中に親がルールを破ってしまうと、意志力を身につける訓練がそこで後退してしまいます。

母親と父親の間でも、しつけに関して一貫性を持つ必要があります。

うちの娘は、お願いごとがあるとき、私に対しては普段通りの態度でお願いをするのに、夫には泣きながらお願いをします。これは、夫がかわいい娘に泣かれてつい要求に応えてしまったために、娘が「パパは泣けばお願いを聞いてくれる」と学習したからです。「ママはダメでも、パパはいいと言ってくれる」と学習させてしまうと、子どもの自制心を鍛えるのが難しくなります。

意志力を育てる④

「ルール」のもとに「自由」があることを教える

自由のベースにはルールがある

『WILLPOWER　意志力の科学』には、子育てについてこのように書かれています。
「子供には明確なルールが必要だし、子供自身もそれを望んでいる。そしてルールに従う責任を負うことが健全な発達にとってきわめて重要という点は、ほぼすべての専門家の間で意見が一致している」

これについては、私も同意見です。幼い子どもに「自分でルールを決めて守りなさい」というのは無茶です。子どもが自分の意志力を鍛えるためには、親が決めた枠組みが必要なのです。**枠組みの中で自由にさせることで、その子らしい健全な自我が育ちます。**

私の敬愛する経営コンサルタントのジェームス・スキナーさんのご両親は、子どもの自転車の乗り方について、守るべきルールと自由の範囲を決められていたそうです。

まず、6歳までは自転車は買ってもらえません。6歳になったら買ってもらえますが、乗っていいのは家の庭の中だけ。しばらく練習したらどれだけ乗れるようになったか親がテストをします。そこでOKが出たら、家から外の道に出る許可が下りますが、「乗っていいのはこの角からあの角まで」と決められます。だんだんその範囲は広がって行きますが、ルールを破った場合は自転車を取り上げてしまいます。そうして、12歳になったらどこに行くかさえ親に告げれば自由に自転車で外出できるようになります。これは、**「自由は責任を果たすことで得られる」**ということを学ばせるお手本のような子育てです。

権威的子育てスタイル

国や文化、親によってさまざまな子育てのスタイルがあります。どんな子育てスタイルがもっとも子どものためになるのか、親なら知りたいところでしょう。

それついては、カリフォルニア大学バークレー校の発達心理学者、ダイアナ・バウムリンドの興味深い研究があります。バウムリンドは子育てスタイルを4つに分類しました。

- **権威型：子どもの意見を尊重しながらも、親がルールを定め、それを守るように促す。愛情深く、協力的であり、子どもの感情にも寄り添いながら、自立することを推奨する、**

民主的な子育てスタイル

▼専制型：権威型と同じく子どもに対する要求は高いものの、子どものニーズには応えず、盲目的な服従を要求する子育てスタイル。言うことを聞かせるために罰も多用する

▼迎合型：子どもの意向が中心で、親はルールや境界を設定することに消極的。子どもの感情には応えているものの、受け身になりやすい

▼怠慢型：親が子どものニーズや生活に無関心であり、ルールや境界を設定しない。親が精神的問題を抱えている場合もあり、ネグレクトや身体的虐待が起こりやすい

バウムリンドをはじめとする研究者たちが何十年も研究した結果、一つめの「権威型」の子育てが子どもの人生に最良の結果をもたらすことがわかりました。

権威型の子育てを受けた子どもは、満足そうに見え、より独立して高い学術的成功を達成する。自尊心が高く、社会的スキルを使って仲間と対話することができ、精神的に健康で、暴力が少ない傾向があるといった特徴が見られたそうです。

「子どもの気持ちを尊重したうえでルールを決め、それを守れば自由を与える」というスタイルは、子どもの意志力を育て、子どもが将来的に自立して自分らしい人生を生きる土台をつくります。

意志力を育てる⑤

「嘘の約束」は絶対にしない

実行のできない約束はしない

グズっている子どもをなだめるために、「あとでお菓子を買ってあげるから静かにしてね」と言うことがあると思います。静かにしたら約束通り買ってあげるのならいいのですが、親はその場を収めるために言っているので、毎回お菓子を買うわけではありません。

これは、一時的に子どもが言うことを聞くので効果があるように見えますが、親がきちんと約束を守らないと2つの弊害が出ます。一つめは、**親の言葉の効力がなくなる**こと。「どうせ買ってくれない」とわかれば、いずれ子どもは言うことを聞かなくなります。2つめは、**親に対する信頼が薄れてしまう**ことです。子どもが小さいからわからないだろう、いずれ忘れるだろうと思うかもしれませんが、子どもは小さくてもしっかりと覚えています。親に約束を守ってもらえなかった経験は少なからず子どもの心を傷つけます。

「ダメ」と言ったことは許可しない

「ダメ」と言ったのに騒がれたからといって子どものしたいようにさせるのも、「嘘の約束」です。**「親の言うことは嘘である」ということと、「わめいてせがめば意見が通る」ことを学ばせてしまうという2つの点においてよくありません。**

ジェームス・スキナーさんのお母さんは、あらかじめ「スーパーに行ってもお菓子は買わない」と約束をし、約束が守れずに「クッキーを買って！」と泣きわめいたときには、絶対に買ってくれなかったそうです。その後も、約束を破って泣いてせがんだら買ってくれず、泣かずに約束を守れたときには、あとでクッキーを買ってきてくれたそうです。これは約束を徹底して守りながらも、親の愛情が伝わるすばらしい対応です。

嘘の言葉でしからない

「ちゃんと食べないならもうご飯をつくってあげない」「言うことを聞かないなら、ディズニーランドには行かない」など、実行しない罰で子どもを脅すのも「嘘の約束」です。「どうせ脅しで言っているんだろう」と子どもが思ってしまえば、すぐに効果がなくなりますし、あらゆる親の言葉の効力がなくなってしまいます。

意志力を育てる⑥

「気持ち」を言葉にすると自己コントロールができる

困った行動が出たら、まず気持ちを代弁する

長男が2歳半から3歳半くらいのとき、急に機嫌が悪くなって癇癪《かんしゃく》を起こすことがよくありました。長男は週の半分はそら幼稚園に通っていたのですが、その時期は機嫌を損ねてお友だちをたたいて傷つけてしまうことが続いたのです。自分の幼稚園で息子がほかのお子さんを傷つけてしまうことに、母として経営者として焦り、とても悩みました。

小さいときから3か国語で育てているから耳が敏感になりすぎて、ちょっとした音にもパニックを起こしているのか、疲れて糖分が足りなくて癇癪を起こしているのではないかなど、いろいろ分析したのですが、そのときは原因がわかりませんでした。

あるとき専門家からアドバイスを受けたのですが、それは**「子どもの気持ちを言葉にしてあげる」**というものでした。それ以降、長男がイライラしているときに、しかる前に「こ

ういう気持ちだったのかな？」と長男の気持ちを察して言葉にしてみました。すると、長男の気持ちがいったん落ち着き、そのあとに「でも、お友だちをたたくのはいけないよ」と注意すると素直に聞く耳を持つようになったのです。長男は、それから1か月もしないうちに人が変わったかのように暴力的な行動がなくなり、穏やかになり、幼稚園の先生にも、いったい何をしたのかと驚かれました。

気持ちを言葉にすることの2つのメリット

子どもの気持ちを言葉にしてから注意をするのは、2つのメリットがあります。一つめは、**子どもが「親や先生が自分の気持ちをわかってくれた」と実感できる**こと、もう一つは、**子どもが自分の気持ちを表現する方法を知ることができる**ことです。

幼児期の子どもは自分の気持ちをうまく伝えられないので、泣く、グズるといった形で感情を表現します。そういうときに、子どもの感情を言葉にしてあげて、「泣かなくても言葉で伝えれば伝わるよ」と教えてあげるのです。

これは考えてみれば当然のことで、なぜ気づかなかったのかと教育者として恥ずかしい思いもしましたが、当時は初めての子育てに必死でそこまで考えが及ばなかったのだと思います。

5章のポイント

- 子どもの意志力を鍛えるためには、親の意志力も鍛える必要がある
- 「やる力」「やらない力」「望む力」を重点的に育てる
- 意志力は、鍛えられるが、脳が疲労すると弱まる。栄養を与え、睡眠をとって休息させることが大切
- 決められたルールのもとに自由があることを教え、「やるべきこと」「やってはいけないこと」は徹底する
- 子どもが自分をコントロールできないときは、気持ちを代弁する

シリコンバレー式「お金の教育」

わが家では、子どもたちに定期的なお小遣いはあげていません。その代わり、長男と次男には、日々のお手伝い以外に「仕事」をしたらお小遣いをあげるようにしています。
たとえば、草取り、石拾いや落ち葉拾い、マッサージなどが普段のお手伝い以外の仕事です。長男には、保育園の壁のペンキ塗りや私の仕事の書類整理を仕事としてやってもらったこともあります。

また、長男の場合は、学校のテストで何点がとれたらいくら、成績がAだったらいくら、ワークブックを1冊やり終えたらいくらと金額を設定することもあります。長男はそうやってモチベーションを上げないとなかなか勉強に身が入らないためでもありますが、大人にとってのボーナスのように、「勉強をがんばってお小遣いをもらう」ことをお金を稼ぐための一つの選択肢にするためでもあります。それを目指してがんばるかどうかは、子ども次第です。

わが家では、お金の稼ぎ方や管理の仕方に3つのルールを設けています。それをみなさんにもご紹介したいと思います。

▼どの仕事をしていくらお小遣いを稼ぐかは自分で決める

▼自分がもらったお小遣いのうち、10％は寄付、30％は貯金、残りの60％は自由に使ってよい

▼人のものを壊したり汚したりしたらその代償は自分のお小遣いから支払う

「10％は寄付、30％は貯金、60％は自由」と決めているのには理由があります。

まず、**半分以上のお金を本人の自由に使わせるのは、子どもに早いうちからお金の使い方を考えてもらうため**です。

自由に使わせると、さほど欲しくないものをつい買ってしまい、お小遣いが減って本当に欲しいものが買えなくなったときに、「あのおもちゃはそんなに欲しくなかったのに、どうして買ってしまったんだろう」など、自分で振り返ることができます。反省すると、それ以降は、欲しいゲーム機を買うためにほかのおもちゃは買わずにコツコツ貯金をするなど、子どもなりに工夫をするようになります。

一方で、**自分のためだけでなく人のためにお金を使う**こと、**お金をあるだけ使いきらずに貯金する**習慣を身につけることも大切です。そのために寄付と貯金の割合を決めている

のですが、これは最初から決めておくことがポイントです。

あとからこの制度を導入すると、自由に使えるお金が減るので、子どもによっては寄付や貯金をネガティブなものとして捉えてしまう可能性もあります。

次男は、人のためにお金を使うことが性格に合うようで、ある年の春節のときには、家族ぐるみで長年おつき合いしているおじさんに自分のお小遣いからお年玉をあげようとしていました（もちろん、おじさんは丁重に辞退していましたが）。

また、**「人のものを壊したら代償を支払う」**という、大人なら当たり前のことも子どものうちから学ばせます。たとえば、長男が次男のスーツケースで遊んでいるうちにタイヤを壊してしまったときは、同じスーツケースを買うために長男のお小遣いから200ドルを出してもらいました。

これはあくまでもわが家のやり方ですが、子どものうちから**何をしてお金をもらうかを自分で考え、自分の手でお金を稼ぎ、使い方も自分で考える**ことを習慣にすると、将来子どもが社会に出てから役に立つのではないかと考えています。

また以前、長男がお友だちの家にプレイデートに行ったとき、子どもたちがおもしろい遊びをしていました。

そのお宅はダウンタウンの近くで通りに面したところにあり、散歩やサイクリングを楽しむ人が家の前を通っていました。その人通りを利用して、子どもたちは自分たちのお店を出すことにしたのです。家の前にテーブルを置いて、しぼりたてのレモンでつくったレモネードと焼き立てのおいしそうなクッキーを通行人に売っていました。

それを見て私は、「シリコンバレーの子どもたちらしい、おもしろい遊びだな」と思いました。

子どもたちがいくらお金を稼いだのかはわかりませんが、自分たちがつくったものを人に提供することがどれほどの価値を生むかを知る機会を得たことは、長男にとってもよい経験になったのではないかと考えています。

第6章

AI時代に必要な「社会的スキル」

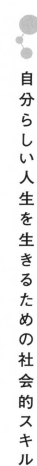

AI時代に求められる「人への思いやり」や「共感力」

自分らしい人生を生きるための社会的スキル

「高学歴なのに、人とうまく関われないために仕事を円滑に進められない」

「教えたことはきちんと理解するけれど、基本的な人への気遣いや思いやりが足りない」

みなさんの周りにも、そんな人はいないでしょうか。

社会で生きていくためには、「人との関わり」が重要になります。**将来、子どもが社会に出て自分らしい充実した人生を送るためには、知識や技術、モチベーションのほかに、他者と協力する、交渉する、他者を思いやって行動するなどの「社会的スキル」が欠かせません。**

アメリカの大学入試では、SAT（大学進学適性試験）などの学力試験のほか課外活動が評価の対象になります。学校で習う教科以外のスポーツや音楽、アートの活動やスピーチコンテストへの参加のほか、ボランティアやコミュニティー活動も評価されます。

スタンフォードやハーバードなどの名門と言われる大学ほど、受験生は一定レベル以上の学力を持っているため、課外活動がほかの受験生との違いをアピールするポイントになります。また、その学生が大学側が求める人材であるかを判断するためにも、社会との関わりがわかる課外活動の内容が重視されるのです。

第3章で取り上げた「自己肯定感」は社会性の基盤であり、子どもが人と関わっていくために必要なアクセルのようなものです。一方、第5章で扱った「意志力」は社会で生きていくためのハンドルやブレーキの役割。どちらも社会的スキルを養うために欠かせないものです。そして、第7章でご紹介する「国際的スキル」は社会的スキルがなくては伸ばせません。

私が重視する5つの力の中で、社会的スキルはほかの力にも関わる重要なものです。

AI時代に求められる人との関わり

これまで以上にIoT（モノのインターネット）が生活の中に浸透していく「Society 5.0（超

スマート社会)」では、人間に寄り添った技術開発が求められています。

また、第2章でご紹介した「デザイン思考」の最初のプロセスは「共感(ユーザーと関わり観察することで、ニーズや根底にある問題点を理解する)」でした。

あらゆる分野でＡＩが活用されるようになっても、この**「人間に寄り添う」「共感する」という重要なプロセスは人間にしかできません。**これから迎えるＡＩ時代にこそ、社会的スキルが必要とされるのです。

そして第1章でもお話ししたように、今後、世界的な高齢社会が訪れます。気候変動などの社会問題は各国が協力して取り組まなくてはなりません。一方で、技術革新により経済競争が熾烈《しれつ》になり、国と国との緊張が高まっていきます。そのような世界では、相互理解や協調ができる人材こそが求められます。

6歳までに身につけたい「社会的スキル」

幼児期に育てたい社会的スキルとは？

幼児期は社会的スキルを学ぶ最適な時期です。

子ども同士の遊びは楽しいことばかりではなく、遊び方でお友だちと意見が合わなかったり、おもちゃの取り合いをしたりとさまざまなトラブルが起きます。幼稚園や保育園での遊びは、それらのトラブルを自分たちで解決することを学ぶ大切な時間です。

社会的スキルは感情をコントロールするという点では意志力にも関わりますし、お友だちをつくり、学校や社会で生きるために欠かせないスキルです。

▼**遊びのルールを守る**（ほかの子が使っているおもちゃは取らない、待っている子がいたら自分が使い終わってから渡す、など）

- 自分の気持ちを相手に伝える（「貸して」「どうぞ」「あとでね」「嫌」などが言える）
- 相手の気持ちを理解する（自分がやりたい遊びを相手はやりたくないかもしれない、一人で遊びたいときもある、など）
- お友だちとケンカをして仲直りをする（「ごめんね」「いいよ」などが言える）

そういった力が身についてはじめて、小学校に入学する準備ができるのだと私は思っています。

もちろん、幼児期にこれらの力をすべて身につけるのは簡単なことではありません。ケンカをしたり、泣いたり怒ったりしながら少しずつ身につけていきます。大人は、その都度ルールや考え方を示しながら理解を促していくことが大切です。

身につけ方は子どもによって異なる

そら幼稚園でも、保育者は親御さんから「うちの子はシャイで、お友だちとうまく遊べず、一人遊びばかりしているんです」「落ち着きがなくて、お友だちが一緒に遊んでくれないんです」など、日々、さまざまな相談を受けます。

子どもの社会的スキルを伸ばすためには、子ども一人ひとりの個性や性格、家庭環境なども知る必要があります。子どもたちの小さな体の中には、大人と同じようにその子なりの個性が宿っているからです。**保育者や親は、子どもをよく観察し理解したうえで、社会的スキルを身につけられるように導いてあげることが大切です。**

そら幼稚園で、毎日仲よく遊んでいた2人の男の子がいました。A君とB君は、遊ぶときもご飯を食べるときも隣同士で座っています。お話の時間などに離れて座っているときも、いつも相手のことを気にしていました。

ところがしばらくすると、A君が「あれをしよう」と言ってもB君が「嫌だ」と言うようになりました。いつも「いいよ」と言っていたB君が「嫌だ」と言ったことにA君は戸惑いましたが、それでも無理に自分のしたいことをB君にさせようとしたため、B君はA君を避けてほかのお友だちと遊ぶようになりました。それを見てA君は、「B君が遊んでくれない」と泣き出してしまったのです。

A君は三人兄弟の長男で自分の意思をはっきりと伝えるタイプ。変化を受け入れるのが苦手で、いつも同じおもちゃで遊ぶのが好きな性格でした。一方、B君は末っ子で自己主張が苦手。人に言われたら素直に従うタイプでした。

A君は、ほかのお友だちとも遊ぶ、相手の希望が自分の希望とは異なることもあると理解するなどの柔軟性が必要でした。一方のB君は、我慢をせず、自分が思っていることを相手に伝えられるスキルを身につけることが課題でした。

ここまでのやりとりを見ていた保育者は、A君にはほかのお友だちとも遊ぶように促したり、お弁当の時間の席の配置もほかのお友だちと関われるように配慮していました。また、B君に自分が嫌だと思うときはA君に嫌と言っていいことを伝えていたのです。

その結果、B君は自分の気持ちを相手に伝えられるようになり、最初はそれに抵抗を示していたA君も、次第にほかのお友だちと遊んだり、B君がほかのお友だちと遊んでいるときには「一緒に遊んでもいい？」と聞けるようになりました。

この2人のやりとりを親御さんも心配していましたが、子どもが社会的スキルを身につける過程では必要な学びですから、親が心配をすることはありません。ただ、**親や保育者は「こうあるべき」という押しつけをせず、子どもの個性や気持ちを尊重しながらサポートする**ことが大切です。

社会的スキルを育てる①

お友だちとのケンカは社会的スキルを育てる第一歩

ケンカを通して社会的スキルを学ぶ

「自分の子どもがほかの子からたたかれたりすることがないクラスに入れてください」と言ったり、自分の子どもがお友だちとケンカをしたら、それ以降、相手の子と関わらないようにさせる親御さんもいると聞きます。

わが子を心配するからこそ何かせずにはいられないのだと思いますが、子どものケンカに親が首を突っ込みすぎたり、ましてや「ケンカをなくして」と言ったりするのはやりすぎです。

子どもの社会的スキルを育てるチャンスを親がなくすことになってしまい、とてももったいないことです。

子ども同士のケンカは、社会的スキルを学ぶために欠かせない経験です。

おもちゃの取り合いでケンカになった、相手を泣かせてしまった、一緒に遊びたいのにお友だちが遊んでくれなかった。

子どもたちはこういった社会生活での経験を積み重ねながら、自分の気持ちを上手に伝えること、相手の気持ちを考えること、そして、ケンカをしたら仲直りをすることを覚えていきます。

うまく遊べない、仲直りできないことも学び

どうしても自分の意見が譲れないこともあれば、「ごめんね」と言ってもお友だちが許してくれないこともありますが、それも必要な学びです。

お友だちと意見が合わなくて遊べない。遊べなくてつまらない。それなら、一人で遊ぶか、ほかの子と遊ぶか、お友だちに譲歩してお友だちのやりたい遊びを一緒にするか。あるいは、お友だちの機嫌が直るまで待つか、先生に仲裁をお願いするか。**さまざまな選択肢の中から子どもなりに考え、お友だちと交渉しながらそのときのベストな方法を選んでいきます。**

「どうしても砂場で遊びたかったけれど、お友だちの希望に合わせておままごとをしたら楽しかった」など、他者と関わることで得られる日々の小さな気づきが思考の柔軟性を養

うことにもつながります。

今では社交的で友人が多い長男も、3歳頃、お友だちと仲よく遊べない時期がありました。その時期のお友だちとの関わりのなかでさまざまな経験をし、考えて工夫したことで、人づき合いが得意な子に育ったのです。

精神面での発達が未熟な幼児期は、人と関わって泣いたり悲しんだりすることがしょっちゅうあります。親はそれを避けようとするのではなく、学びの機会と考えておおらかな目で見ることが大切です。

よほどのことがないかぎりは、ことを荒立てずに見守ってください。

親ができるのは、子どもの悲しい気持ちや混乱した気持ちに耳を傾けて受け止めてあげること、そして必要ならばお友だちの気持ちを代弁したり、一緒に考えたりして、理解を促すことです。

社会的スキルを育てる②

「ごっこ遊び」で社会的スキルや創造力を養う

おままごとは社会的でクリエイティブな遊び

第4章でもご紹介した心理学者のレフ・ヴィゴツキーは、**子どもは大人の真似をして遊ぶことで、将来、自分に求められる関係や経験の基礎を身につける**と考えました。

子どものごっこ遊びは、最初は、ぬいぐるみのお世話をしたりするなど大人の「真似」をすることから始まります。2歳くらいになって話せる言葉が増えてくると、お母さんと子ども役になっておままごとをしたり、お医者さんごっこをしたりと、場面設定やストーリーが生まれ、より複雑になっていきます。

ごっこ遊びは、社会的スキルを養うのに最適な遊びです。お母さんになったり、赤ちゃんになったり、あるいはお医者さんや学校の先生になってみたり。そういったロールプレイをすることで、さまざまな人の立場になって考える基礎ができます。

自分がお母さん役をやりたいけれど、お友だちもお母さん役がいいと言ったときにどう交渉するかといったことも、ごっこ遊びを通じて学ぶ社会的スキルです。

また、創造力や言語力、記憶力や集中力も、ごっこ遊びを通じて育《はぐく》めます。

演劇にはシナリオや音楽、大道具、衣装など、さまざまな芸術的要素が含まれています。アメリカの小学校は授業で演劇を扱うことも多く、演劇の習い事に行く子もいます。長男の通うイギリスの学校では、当然のようにシェイクスピア演劇の授業があります。

ごっこ遊びはそこまで本格的ではありませんが、クレヨンが注射器になったり、空き箱がベッドになったりと、子どものイマジネーションで舞台がつくられていきます。ごっこ遊びによって、クリエイティブな思考を育てることもできるのです。

型にはまらない自由な発想を楽しむ

子どものごっこ遊びに大人が口を出したり、制約を設けたりしないようにしましょう。たとえば、おままごとをするときにお母さんが2人いてもいいですし、男の子がお母さん役をしてもいいのです。おままごとが好きな男の子は意外と多いものです。うちの長男も、弟と妹をお客さんにしてレストランごっこをしていました。

舞台は海や山でもいいでしょうし、火星でおままごとをする子もいるかもしれません。お母さん役だった子が突然子どもになったり、犬や猫になったりもするでしょう。子どものイマジネーション次第でどのようにも展開できるのがごっこ遊びのよさですから、大人は「それはおかしいよ」などと口を挟まないことです。

親が子どものごっこ遊びに誘われたときも、子どもの世界観を壊さないように子どもの想像するままにまかせてつき合ってあげましょう。家事で忙しくて中座せざるを得ないときも、「先生のおかげでもう怪我は治りましたよ。ありがとうございました」など、ごっこ遊びの世界観を壊さないようにするのがポイントです。

社会的スキルを育てる③

親が「大丈夫」と見守ると人と関わることができる

心配しすぎていませんか？

子どもの成長が楽しみな一方、お友だちと遊べているか、ケンカばかりしていないかなど、親の心配はつきないものです。ですが、心配するあまり、親が手をかけすぎると、子どもの社会的スキルが育ちにくくなることもあります。

たとえば、こんなことに心当たりはないでしょうか。

- 子どものすることを黙って見ていられず、口を出したり手を貸したりする
- 4～5歳になっても登園の用意や身支度などをすべて親がしている
- 子どもが友だちとどう関わっているかがつねに気になる
- 子どもが怪我をしたり傷ついたりする可能性のある場所には行かせない

▼子どもが友だちとケンカをしたときはなぐさめ、同じことが起こらないように保育者や相手の親に頼む

もし思い当たるものが一つでもあるようなら、子どもとの距離のとり方を見直してみる必要があるかもしれません。

子どもが社会に出て人と関わっていくためには、「一個人」として社会に出ていく必要があります。それは1歳や2歳の小さな子どもでも同じです。

親が子どもに手をかけすぎると自分の力で社会と関わることが難しくなってしまいますし、登園するときに親が心配そうにしていたら子どもも園に行くことに不安を感じてしまいます。

親は信頼して見守るのみ

そら幼稚園の3歳児クラスに入園してきたCちゃんという女の子は、アメリカに来てしばらく経つもののまったく英語が話せませんでした。英語を話すどころか、お友だちと話すことはなく、誰とも遊ぼうとせず、保育者が話しかけても反応がありませんでした。

お母さんからは、どうしたらお友だちと遊べるようになるのか、なんとか英語が話せる

ようにならないか、家ではできるトイレが幼稚園ではうまくできないからどうにかできるようにしたい……など、毎日さまざまな相談を受けていました。

保育者がCちゃんを観察したところ、お友だちのすることを少し離れたところからよく見ている、お友だちが遊び終わったあとに同じ場所で同じ遊びをしている、保育者の話していることを小さな声で復唱している、といったことに気づきました。

Cちゃんは、お友だちに興味がないわけではなく、先生の話もよく聞いていたのです。実際に、おうちでは先生が話していたことをお母さんに話したりしていたそうです。

保育者は、お母さんがCちゃんの言動の一つひとつを心配して、気にかけ手をかけていることがCちゃんが引っ込み思案になっている原因の一つではないかと考え、お母さんに**「焦らない、ほかの子と比べない、個性を尊重し、見守る」**ことをお願いしました。また、ほかの保育者にも同じように理解を促しました。

そうやって大人の接し方が変わっていくにつれ、ひと月もしないうちにCちゃんはクラスになじめるようになり、信頼している保育者には自分の好きな食べ物や家族のことを話してくれるようになりました。そのうち、お友だちに自分の意見を言えるようになり、自分でトイレに行けるようになり、半年後には英語も話せるようになりました。

そして、1年も経たないうちに、Cちゃんは大声で歌ったり踊ったり、お友だちと積極的に話せるようになり、お友だちからプレイデートに誘われるまでになったのです。「娘がここまで成長するとは思ってもみませんでした」と、お母さんはとても喜ばれていました。

Cちゃんの場合は、お母さんや保育者が自分のことを信頼し、見守ってくれたことで自己肯定感が持てて、社交的になれたのです。

親が「大丈夫」と思っていれば、それが子どもにも伝わります。

子どもにとって園が安心できる場所になれば、お友だちとも関われるようになるのです。

社会的スキルを育てる④

異なる年齢の子どもと関わる機会を持つ

注目されている異年齢・異学年交流

日本の文部科学省は「Society 5.0の社会像・求められる人材像、学びの在り方」として、一斉一律の授業から個人の能力や関心に応じた学び、教室だけでの学習から大学や企業なども活用した多様な学習プログラムへの転換と、もう一つ、同一学年集団の学習から**「同一学年に加え、学習到達度や学習課題等に応じた異年齢・異学年集団での協働学習の拡大」**を掲げています。

飛び級のない日本では、学力が高い子どもでも、みなと同じように1学年ずつ進級していかなくてはなりません。

そういう日本の学校環境において、上級生や下級生との関わりを持つことは、子どもの学力向上の助けにもなりますし、同学年のお友だちと遊ぶときとは違った刺激を受けることもできます。

実際、日本でも異年齢・異学年交流が重視されてきたことから、従来の学年の枠にしばられない教育をしている学校も増えつつあるようです。


また、兄弟関係を見てもわかるように、**異年齢の子ども同士が関わりを持つと、年齢が上の子、下の子、両方にメリットがあります。**

年齢が上の子どもが下の子どもの面倒を見ることで思いやりや責任感が生まれます。また、人に教えることは深い学びにつながるため、勉強やスポーツなどを下の子に教えてあげることで、上の子自身の理解も深まります。

一方、上の子から世話をしてもらったり勉強を教えてもらったりした下の子は、それが当然のことと身をもって知っているので、いずれ自分よりも年齢が下の子のお世話をするようになります。

モンテッソーリ教育も異年齢保育を重視しており、年齢ごとにクラスを分けるのではなく、異なる年齢の子を集めた「縦割り保育」が特徴となっています。

異年齢の子どもと交流する

兄弟がいる場合は、下の子どもの世話をできるだけ上の子にまかせましょう。わが家の長男と次男はケンカをすることも多いですが、次男の幼稚園がオンライン授業をしていたときは長男がいつ休憩をとるかなどの管理をしてあげたり、長男や次男が妹に絵本を読んだり、遊んであげたりと世話をしてくれています。

そのほかに異年齢での交流を持つためにおすすめなのがサマーキャンプやボーイスカウト、ガールスカウトなどです。年齢の異なる子どもがグループになって活動することが多いので、自然と異年齢交流ができます。

音楽教室やダンス教室などの習い事に通う場合は、できれば異年齢での関わりも持てる教室を選ぶとよいでしょう。

学校と同じようにカリキュラムのある学習塾ではなかなか難しい面もありますが、たとえばＳＴＥＡＭ系のワークショップなどは学年の枠にとらわれずに参加者を募集しているものもあります。

社会的スキルを育てる⑤

「一人前」として認めると自己主張ができる子になる

0歳の子にも対等な人間として接する

未熟な部分が多い幼児期の子どもは、保護され、守られるべきものです。でも、だからといって、何もできない、わからないわけではありません。まだ寝返りも打てない0歳の赤ちゃんも、親と対等な「一人の人間」です。

欧米では、子どもは「自立していること」が重視されます。子どもを個人として認め、その成長を親がサポートするというスタンスです。

一方、アジアの国では「子どもの面倒は親が見るもの」「子どもがどう成長するかは親の責任」という考え方があります。子どもの学校や職業などを決めるときは親の意向が強い傾向が今でもありますし、日本では、「親の顔が見てみたい」という言葉もあります。

私が台湾と日本、アメリカの子育てを見てきて思うのは、これからは「自立させる子育て」が求められるということです。

子どもを自立させて「個人」として認めないと、自ら社会へと飛び出し、自己主張することができない人間に育ち、国際社会で活躍するのが難しくなってしまいます。また、自立を促すことは子どもを「一人前」として扱うことになり、自己肯定感を育てることにもつながります。

子どもを一個人として認めるためには、親が意識して接することが大切です。

子どもの話をきちんと聞く

子どもが「見て」「聞いて」と言っているのに、「今は忙しいから、あとでね」「わかったから、早くご飯食べて！」と後回しにしてしまう。忙しい毎日の中では、よく起こることかもしれません。

また、子どもの話をきちんと聞かず、子どもが話し終わらないうちに「ああ、それは、こうすればいいのよ」と話をさえぎってしまう。これは、意識せずにやってしまっている方も多いかもしれません。

子どもから親への「聞いて」は、自己主張ができる大人になるための第一歩であり、尊重すべきものです。「自分の話をまともに聞いてもらえない」というのは、誰にとっても悲しいことです。「どうせ自分が話しても、親は聞いてくれない」と子どもに思わせることは、その後の親子関係にもマイナスになります。

また、親が子どもの話をきちんと聞く姿勢を示すことで、子どもはほかの人の話を聞き、相手の気持ちを理解することを学びます。

子どもが何か話したがっていたら、5分でもいいから子どもと向き合う時間を持ち、口を挟まずに子どもの話を聞きましょう。「おもしろいね！」「そんなことがあったんだ！」「へえ〜」「それで？」とあいづちを打ったりするとリアクションをしたり、「そうなの」「へえ〜」「それで？」とあいづちを打ったりするだけでも、子どもは「聞いてもらえた」と嬉しくなります。

ひたすら人の話を聞くというのは、実はなかなか大変なこと。親子の場合はなおさらです。だからこそ、「子どもの話をきちんと聞く」ことを意識してみてください。

求められるまで手を貸さない

子どもが少しずつ自分で手足を動かせるようになる1〜2歳頃から、着替えや歯磨き、片づけなどは、できるだけ子どもにやらせてあげましょう。「自分でできた！」という達成感は、子どもの自己肯定感を大きく伸ばしますし、一個人として認めることで社会的スキルを育てることもできます。

子どもを自立させるうえで大切なのは、第4章でもお話ししたように、**必要なときだけ親が手を貸す**ということです。

「人に助けを求める」「助けが必要なければ辞退する」ということも、社会的スキルの一つです。私は、着替えなどをサポートするときは、手を貸す前に必ず子どもに「手伝ってほしい？」と聞くようにしています。子どもが「やって」と言うときには、できない部分をサポートし、「自分でやる」と言うなら時間がかかってもできるかぎり自分でやらせてあげます。ときには、自分でできるのに親に甘えたくて「やって」と言うこともあるので、そういうときは気持ちに応えるために手伝うこともありますが、あえて忙しいふりをして自分でやらせることもあります。

もちろん「言うは易し」で、実際にはうまくいかないことも多いでしょう。同じ子でも日によってムラがありますし、自分の気持ちをうまく伝えられないこともあります。

それでも、自分のことはできるだけ自分でやらせてあげてください。**「自分でやりたい」という気持ちの強い子は、自分の意見も言えるようになり、社会的スキルや自己肯定感が育ちます。**

6章のポイント

- AI時代には、人間だけが持つ「思いやり」や「共感力」が求められる
- 自分の気持ちを伝え、相手の気持ちを思いやる社会的スキルは、小学校入学前に身につける
- お友だちとのケンカやごっこ遊びなど、人との関わりを通して社会的スキルが身につく
- 親が「大丈夫」と信じることで子どもは人と関わることを恐れなくなる
- 年齢の異なる子どもとの交流や、子どもを一人の人間として自立させることを心がける

第7章

世界で活躍するための「国際的スキル」

幼児期から育てたい「国際的スキル」とは？

新しい時代に必要な「国際的スキル」

これからの時代は、国と国との隔たりがどんどんなくなっていきます。飛行機に乗らなくても、オンラインツールを使えばクリック一つで海外の人と打ち合わせをすることもできるようになりました。国同士の政治的な緊張が高まっている地域もありますが、人と人の距離は、以前よりももっと縮まっています。

この国際社会で、日本人がより鍛えるべきなのではないかと私が思っているのが「国際的スキル」です。

私の言う**「国際的スキル」とは、「語学力**（**バイリンガルまたはトリリンガル以上**）**」と文化の違いや多様性を受け入れる「国際的マインド」の2つをあわせ持つこと**です。この2つが揃えば、国際社会で活躍するチャンスがより広がります。

語学力だけではないバイリンガルのメリット

より多くの情報にアクセスできる、知りたい情報を翻訳を介さずに理解できる、話したい人と自分の言葉で話せるなど、バイリンガルになるメリットは言うまでもなくたくさんあります。

ＡＩの進歩によってグーグル翻訳などの翻訳アプリや、話した言葉をその場で通訳してくれるポータブルデバイスなど、便利なツールがたくさんできました。

ですが、翻訳ツールの精度はまだ十分ではありません。それに、通訳デバイスはプライベートの旅行で使うぶんには便利かもしれませんが、ビジネスなど公の場で使ったら相手に対して失礼です。コミュニケーションは人と人で直接行う、というのは、いつの時代にも大切なことではないでしょうか。

それに、バイリンガルになるメリットは「言葉が理解できる」だけに留まりません。

長年バイリンガルの研究をしているカナダのマギル大学のフレッド・ジェネシー名誉教授は、**「バイリンガルの子どもは、モノリンガル（1言語話者）の子どもと比べて認知的に優れており、無関係な情報を無視して、関連する情報に集中して問題解決をするのが得意**

である」と指摘しています。

しかも、この能力は、60代や70代になってもバイリンガルの人のほうが有利に働くそうです。

目指すべきは「日英中のトリリンガル」

これからの社会において英語を話すことは必須になりますが、正直言うと、私は**バイリンガルだけでは足りない、トリリンガル以上を目指したほうがいい**と考えています。

日本人は英語が苦手とは言われますが、それでも英語を話せる日本人はたくさんいます。そのため、日英のバイリンガルというだけではアピールポイントにはならず、もう一つ、何か秀でた才能や特技が必要になることもあります。

そこで私は、**日本語・英語・中国語のトリリンガルになる**ことをおすすめします。私や子どもたちが日英中のトリリンガルだから、おすすめしているわけではありません。

国際社会ではもちろんのこと、日本国内にいるビジネスマンや研究者からも「日英のバイリンガルは珍しくはないが、日英中のトリリンガルは少ないので、中国語も話せると一気に需要が高まる」という声を聞きます。

もちろん、中国語ではなく韓国語、フランス語、あるいはスペイン語などを身につけるのもよいでしょう。ただ、中国は日本の隣国であり世界第2位の経済大国ですから、現実的には日本人にとって中国語を学ぶメリットのほうが大きいと言えます。

シリコンバレーでも、多くのチャイニーズが活躍しています。私立はもちろん公立の小学校でも中国語だけの授業を導入している学校がありますが、毎年、定員を超えて応募があるくらい人気です。

「英語を身につけさせるだけでもひと苦労なのに、中国語まで習得させなくてはいけないなんて……」と思うかもしれませんが、不可能ではありません。ある程度大きくなってから始めるとより多くの努力と時間が必要になりますが、幼児期のうちに始めれば、実はそれほど難しくはないのです。

バイリンガルになると、3つめの言語を習得するハードルは、モノリンガルからバイリンガルになるときよりも下がります。複数の言語を操るベースができているので、たとえアルファベットと漢字（簡体字・繁体字）の違いはあっても、新しい言語の発音や語順などを身につけるのが比較的楽にできるようになるからです。また、2つめの言語の身につけ方と3つめの言語の身につけ方は、基本的には同じです。

多様性を受け入れる「国際的マインド」

残念ながら、日本人にはまだまだ他国の人、自分と違う文化や主義主張を持った人を受け入れる柔軟性が足りないと感じています。

「はじめに」でお話しした、私が違和感を覚えた幼稚園のお弁当に関する一件があったのは、もう20年以上も前ですが、同じような先入観は今でも日本に残っているのではないでしょうか。

みなさんのお子さんはぜひ、「みんな一緒が当たり前」ではなく、「人と人は違っていて当たり前」という国際的マインドが持てる人に育ててあげてほしいと思います。

外国語学習そのものも、国際的マインドを育てるのに役立ちます。言語を学ぶときは自然とその言語を話す人たちの文化も学ぶ機会ができますし、言葉が話せれば、外国に住む人のマインドを生で受け取ることができるからです。

外国語を学びながら外国の文化や外国人の思考を学び、それと同時に、意識して多様性を受け入れるマインドを育てていきましょう。

「小学3年生からの英語必修化」で英語が話せるようになる？

小学生の英語習得は時間と工夫が必要

2020年度から、日本では小学校で英語が必修化され、3・4年生は週1回の「外国語活動」、5・6年生は週2回の「外国語」の授業が始まりました。公立の学校でも英語が教科として必修になったことに期待する親御さんもいる一方、はたして効果があるのか疑問に思っている方もいらっしゃると思います。

どんな内容なのか、私も文部科学省のウェブサイトで教育方針や内容、教材などを見てみましたが、正直、今回の改革で子どもたちが英語が話せるようになるかというと、疑問を持たざるを得ません。

まず、小学3年生から英語を習い始めるのは遅すぎます。**バイリンガルなどの多言語教**

育は小学校に上がる前、できれば外国語に抵抗を感じ始める4歳より前に始めたほうが、複数の言語を楽に身につけることができます。

特にリスニングについては、胎児のときから「耳育て」をするのがベストです。言語を聞き取る力やネイティブのような発音が自然と身につけられるのは10歳くらいがボーダーラインだと思います。

すでに母語が確立している場合とそうでない場合とでは、第二言語を身につける労力がだいぶ違います。

日本語の読み書きが身についている小学3年生から始めた場合、話せるようになるかどうかは、本人の努力ややる気、環境にかなり左右されます。

また、小学3年生はしっかりとした自我がありますから、教科書を用いた一斉授業から始めると、「英語を話さなきゃ」というプレッシャーを感じると思います。

日本の英語教育の難しい点

Education First（EF）という国際的な教育関連企業による、英語を第二言語として使う国を対象にした英語能力指数の調査（2019年）では、**日本人の英語力は100か国中53位、アジア25か国中では11位**です。

5段階に評価された能力レベルでは**日本は下から2番目の「低い」**にランクづけされています。同じアジア圏では、韓国は100か国中37位、台湾は38位、中国は40位で、いずれも「標準的」の範囲内です。

日本人が英語が苦手なのは、受験英語が中心で、インプット重視でアウトプット（会話）の機会が少ない英語教育を長年続けてきたことや、「間違えたら恥ずかしい」「文法や発音が正しくないといけない」と考える日本人の国民性のためだとされています。

英語教育の改革が進められたことで、近年、高校生の英語力は上昇傾向にあるようですが、その効果が実社会にあらわれるのはまだ先です。また、現場の先生方が英語に苦手意識を持っていることも、課題の一つであると言われています。

小学校で効果的な英語教育をするなら

小学校で英語を教えるなら、勉強にさほど抵抗のない1年生から、日本語の知識をベースに日本語と英語を対応させたごく簡単な内容の教科書から始めるのがベストです。

実際には、小学校入学前から英語の勉強をしているお子さんが多いとは思いますが、それであればなおさら、1年生から始めるのが自然ではないでしょうか。

3年生から英語教育を始めるなら、頻度を増やして週1回でなく週に2回以上にしたほうがいいでしょう。

のちほどまたお話ししますが、英語を話せるようになるためには、**「英語を」学ぶよりも「英語で」学ぶのが効果的**です。簡単な英語で算数や理科を教えたり、英語で社会科で出てきたテーマについて話し合ったりすると、単語が頭に残りやすく、話せるようになるのも早いと思います。

他国の英語教育

日本の英語教育について考える際に、参考になるのが他国の英語教育です。

まず、先ほどご紹介したEducation First（ＥＦ）の調査で１００か国中1位だったオランダの教育法をご紹介します。

また、日本では「外国語活動」が２０１１年から、教科としての「外国語」は２０２０年から開始されましたが、お隣の中国と韓国では２０００年頃からすでに本格的な英語教育が始まっていました。

それぞれどのような特徴があるのか、日本との違いを探ってみましょう。

●オランダの英語教育

オランダの小学校では、**文法よりも耳から入ってくる英語を理解して話すことを重視**しています。英語のポップソングを流してみんなで歌ったり踊ったりするなど、子どもの興味を引きながら授業をする学校や、英語の音読をする際に、脳を刺激するために大きな声を出して読むといった工夫をしている学校もあるようです。

また、オランダで小学校の教師になるには高いレベルの英語力が求められるため、必然的に英語を流暢《りゅうちょう》に話せる教師が子どもたちに英語を教えることになります。

上手に子どもの興味を引きながら、本格的な英会話ができる環境を整えていることが、オランダの小学生の英語力を高めているのでしょう。

●中国の英語教育

中国では2001年から小学校に英語が導入され、大都市では小学1年生から、それ以外の地域でも3年生から、週4回を目安に英語教育が行われています。高校3年生までの12年間で一貫した指導体制をつくっており、入門段階では英語に対する興味を養い、「英語は楽しい」というイメージを持たせるために、遊びや歌、ダンス、劇などを通して初歩的なコミュニケーションがとれるように工夫しています。

最初のうちは、英語だけでなく中国語も授業で使われますが、高学年では英語だけで授業をすることが理想とされています。

このような教育体制により、**中国の小学6年生は、日本の中学3年生程度の「話せて書ける」英語力を身につけられる**と言われています。

●韓国の英語教育

韓国では1997年に英語が必修化され、小学3年生から週に2回、小学5年生からは週に3回の英語の授業が行われています。英語専門の教師とネイティブスピーカーの2人態勢で、3年生のうちから「聞く」「話す」「読む」授業が行われているようです。

韓国の英語教育で特徴的なのが**英語専用の特別教室である「イングリッシュ・センター」**です。イングリッシュ・センターには、飛行機の中やスーパー、カフェ、病院などを再現したコーナーが設けられ、生きた英語を学べる工夫がされています。

また、**学校以外でも、ネイティブスピーカーとリアルな会話ができる機会を随所に設けています。**英語の課外授業やネイティブスピーカーと話せる「英語体験センター」などが無料で週に数回利用でき、政府や自治体による「英語キャンプ」や「海外研修プログラム」、フィリピンへの留学もさかんです。

バイリンガルに育てるための3つのルール

バイリンガルに育てるために大切なこと

幼児期から適切な英語教育をすれば、お母さんやお父さんが英語を話せなくても、バイリンガルやトリリンガルに育てることはできます。

ただし、そのために守っていただきたい3つのルールがあります。これは、親が複数の言語を話す場合や、海外赴任している場合に特に注意していただきたいことですが、日本人の家庭で英語教育をする場合にも当てはまることがあります。

●一人につき一つの言語を使う

「一人1言語」はもっとも大切なルールです。特に、国際結婚をしたご家庭では注意すべきポイントです。

人が言語を習得するときは、頭の中にある「言語の風船」のようなものに言葉を入れていきます。お父さんが英語を話し、お母さんが日本語を話す家庭の場合は、子どもはお父さんと話すときは英語の風船、お母さんと話すときは日本語の風船といったように、話す人によって風船を使い分けるのです。

たとえばお母さんが「Good morning！ It's time to wake up. 早くご飯食べてね」など、**会話の中で2つ以上の言語を混ぜて使ってしまうと、子どもは混乱し、どの言語の風船に情報を入れたらいいかわからなくなってしまいます。**それにより、言葉を習得するのが遅れてしまう可能性もあります。

たとえばわが家では、私は中国語、夫は日本語で子どもたちに話しかけており、子どもたち同士の会話は中国語です。子どもたちは私が日本語も英語も話せることは知っていますが、私が子どもに向かって話しかけるときは、中国語以外は使いません。街に出てみんなが英語を使っている環境でも、日本に帰ったときでも、私はつねに中国語で子どもと会話をしています。

バイリンガルの子どもが成長する過程で、たとえば「seaweed（わかめ）は好きじゃない」というように、日本語と英語の単語を混ぜて話すこともあります。子どもから親に話しかけるときは、わかるだろうと思って自分が話しやすい方法で話すのはある程度は仕方がないことだと思います。

ただ、それに対して、親も同じように単語を混ぜて子どもと話すのは適切ではありません。その話し方が当たり前になってしまうからです。

ある程度大きくなれば、一人の人が複数の言語を使っていても聞き分けることもできますが、言語発達が確立する6歳くらいまでは、徹底する必要があります。特に、言語を習得する1歳から3歳頃は**親は言語を混ぜずに話しかける**ことがとても重要です。

●親の母語を使う

親が複数の言語を話せる場合でも、**自分の母語で話す**と決めましょう。

たとえば、お父さんが日本人、お母さんが中国人で、日本で子育てをする場合、子どもに早く日本語を覚えてほしいからといって、お母さんが発音や文法が不完全な日本語で話しかけていると、子どもも不完全な日本語を習得してしまいます。

もちろん、子どもは家の外でも日本語を話すので、お母さんよりは日本語が上手になります。すると、もう一つの弊害が生まれます。子どもとお母さんが相談事や進路の話など込み入った話をしようとしたときに、お母さんが子どもよりも日本語がうまく話せないため、親子の会話が思うように成り立たなくなってしまうのです。

それに、せっかく日中または日英中の多言語話者に育つかもしれないのに、お母さんが中国語で話しかけなければ、子どもは中国語を身につけられません。

ですから、たとえ幼稚園や学校の先生から、「日本語を早く話せるようになるために、お母さんも日本語で話しかけてください」と言われたとしても、中国語で話し続けるべきなのです。


これは日本人が英語で子育てをする場合も同じです。「子どもをバイリンガルにしたいから、できるだけ英語で話しかけている」という方もいるようですが、私は**親がネイティブでないかぎり、子どもと英語で会話をすべきではない**と考えています。

一緒に英語のＤＶＤを見るなど、「今は親子で英語を話す時間」と決めて話すのはかまいませんが、日常会話まで英語にするのは、メリットよりデメリットのほうが多いのでおすすめはしません。

英語を話すのはほかの人にまかせましょう。親が無理をして英語を使わなくても、環境を整えれば英語は話せるようになります。

●決めた言語をずっと使い通す

私は、妊娠中から今まで、ずっと子どもたちに中国語で話しかけています。

幼児期に複数の言語を覚えさせることは、実はそれほど難しいことではありません。**難しいのはそれを小学校以降も使い通す**ということです。

わが家の場合、長男は学校では英語を使っているので、家に帰ってきたときは頭の中は英語の風船でいっぱいになっています。その状況で、私が中国語で話しかけると、長男はがんばらないと中国語の風船に切り替えることができません。

そのとき、長男の返事が遅いからといって、仮に私が英語で話しかけてしまったら、長男の脳は「もうママとは中国語で話さなくてもいい」と判断して、私に英語で話しかけてくるようになってしまいます。これは、脳がより効率的でストレスがないほうを選ぶからです。

実際、幼稚園までは日本語と英語を話せていたのに、小学校以降にどちらか一つしか話さなくなってしまうお子さんは少なくありません。

バイリンガルやトリリンガルの子は、モノリンガルの子に比べ、2倍、3倍の言語処理をしているので、どうしても発話が遅れがちになる部分はあります。それでも、必ず話せるようになりますから、親は焦らず自分の母語で話し続けていいのです。

この「決めた言語をずっと使い通す」という点から考えても、英語のネイティブではない日本人の親が子どもに英語で話しかけることは現実的ではありません。**最初は親が喜んでくれるのが嬉しくて英語で返していたとしても、日常会話が日本語なら親と日本語でしか話さなくなるのは自然なことです。**

それならば、最初から英語で話すのは親以外の役割にしておいたほうが、長い間、続けることができます。

日本でバイリンガルに育てる「環境づくり」

バイリンガルやトリリンガルに育てる際のポイントを3つご紹介しましたが、「この通りにしなくてはいけないなら、結局、日本語が母語の親が日本で子どもをバイリンガルに育てるのは難しいのでは？」と思われるかもしれません。

その答えはイエスでもありノーでもあります。親だけの力でバイリンガルに育てるのは、難しい部分もあります。ただし、環境さえ整えてあげれば、日本でバイリンガルやトリリンガルに育てることは可能です。

その「環境づくり」にはつぎのようなポイントがあります。

- **子どもに英語を話す「メリット」を感じさせる**
- **「英語の耳」を育てる**
- **インプットよりアウトプットを重視する**
- **英語を「学ぶ」のではなく「話す」環境をつくる**
- **英語を話せるようになってから、読み書きをする**

幼児期に子どもに複数の言語を習得させるのは思っているより難しいことではありませんが、習得した言語をしっかりと身につけ、ずっと使えるようにするためにはコツがあります。

ポイントは、**赤ちゃんが言葉を覚えるのと同じ順番で子どもに英語を身につけさせることです。**のちほど、一つずつご説明していきます。

3か月でバイリンガルに育つ
そら幼稚園の語学教育

シリコンバレーの親たちが驚くバイリンガル教育

「息子は家では日本語しか話していなかったので、正直、そら幼稚園で英語を学んでも会話をするようになるのは難しいだろうと思っていました。ところが、通い始めて少し経った頃、お迎えに行ったら息子が先生と英語で会話をしているのを聞いて、本当にびっくりしました。卒園した今も、英語でのコミュニケーションはまったく問題なく、現地の学校でも人気者です」

「息子は日本語をほとんど知らなかったのに、そら幼稚園に入園して数か月でひらがなを覚え、日本語の歌を歌い、短い文で会話ができるようになり、大きく成長しました」

これらは、グーグルに勤める親御さんたちがそら幼稚園に寄せてくださったメッセージです。

そら幼稚園は、開園した当初は、シリコンバレーのカリフォルニア州認可幼稚園では初めての日英のバイリンガル幼稚園でした。今でも日英のバイリンガル幼稚園は少ないので、「子どもをバイリンガルに育てたい」と希望する親御さんたちが大切なお子さんを預けてくださっています。

「自然とバイリンガルに育つ」環境づくり

そら幼稚園に入園した子どもたちは、だいたい1か月くらいで英語または日本語の単語を覚え始め、3か月もすれば会話ができるようになります。個人差はありますが、**ゆっくりペースのお子さんでも半年も経てばみなバイリンガルに育ちます。**

そら幼稚園に通うとバイリンガルになれるので、「どんなレッスンをしているのですか？」と聞かれることもありますが、実はそら幼稚園では英語や日本語の特殊なレッスンはしていません。

ただ、**幼稚園の日常の保育の中で、日本語を話す保育者と英語を話す保育者が話しかけることで、子どもが2つの言語に触れる機会をたくさんつくり、自然と身につくような工夫をしています。**

●一人1言語を徹底

すでにお話しした「バイリンガルに育てるための3つのルール」はそら幼稚園での保育にも取り入れています。

日本語を話す保育者は日本語のみ、英語を話す保育者は英語のみで子どもたちと会話をします。日本語を話す保育者に子どもが英語で話しかけた場合、保育者が英語も話せたとしても、返事は必ず日本語でします。最初のうちは、子どもは日本語を理解できませんが、それでも先生が根気強く身振り手振りを交えて日本語で話しかけます。

バイリンガル幼稚園でも意外とこの点が守られておらず、一人の先生が日本語と英語の両方を話す園もありますが、**そら幼稚園では「一人1言語」は徹底しています。**

●日常会話で英語と日本語を話す

一日の保育を通して、つねに日本語と英語の両方が使われる環境をつくっています。

たとえば子どもが遊具の取り合いをしたとき、英語の先生がそばにいたら、日本語しか話せない子にも英語で対応します。

おやつの時間にも、英語の先生は「水を飲みますか？　それとも牛乳を飲みますか？」と英語で子どもに聞きます。子どもは飲み物が欲しいので、**自然と英語を話すモチベーシ**

ョンができるのです。

飲み物を飲むコップも、さまざまな色のものを用意して「どの色がいいですか？」と聞きます。子どもが「Blue」と答えれば、青いコップを渡します。

ささいなことのようにも思えるかもしれませんが、**ひと言話して通じるだけでも自信がつき、また英語を話そうと思えます。**そうやって子どもの頭の中で英語の「言語の風船」ができあがるにつれ、どんどん話せるようになっていくのです。

また、保育者は子どもが理解しやすいように、「こうしてください」「それはしてはいけません」など、簡潔に短い言葉で話すようにし、子どもの性格や言語発達のレベルに合わせた対応も心がけています。

一般的には、通常の保育とは別に英語の時間をつくって、「私は牛乳が好きです」といった文を練習する幼稚園が多いと思います。ですが、「牛乳が好きです」と言ってもその場で牛乳が飲めるわけではありませんし、「牛乳」を「りんごジュース」に置き換えて言えたとしても、りんごジュースももらえません。こういうやり方は、あくまでも「復唱」やその応用であり「日常会話」ではないので、英語を話すための慣らしにはなりますが、話したことにはなりません。

●歌やお話の時間に楽しく言語を身につける

英語のサークルタイムでお遊戯《ゆうぎ》をするときは、季節に合った英語の曲を2～3曲歌います。振りつけも交えながら歌うことで、**耳と手足を使って英語を吸収し、自然と語彙《ごい》が増えていきます**。その際、保育者は意識して同じ単語をくり返し使うようにして、子どもたちの語彙を確実に増やす工夫をしています。

また、自由遊びの時間に、**英語の歌や日本語の童謡を流して「耳育て」をする**こともあります。お友だちと日本語で会話をしていたとしても、ＢＧＭに英語の歌が流れているので、自然とバイリンガルの耳が育っていくのです。

そのほかにも絵本や紙芝居などを使って毎日お話を読み、読み終わったあとには必ずおさらいをしています。お話をおさらいすることで、語学力だけでなく、子どもたちの想像力や社会的スキルを育てることもできます。

もちろん、アルファベットやひらがなも言語を習得するうえで大切です。そら幼稚園では、何歳児であっても毎日、ＡＢＣとあいうえおの歌を歌います。

勉強をするラーニングテーブルタイムでは、グループ分けをして、英語の先生のテーブルについた日はそのグループは全員英語だけで話します。そこで、自己紹介、自分の家族や食べ物など身近な話から、周辺のコミュニティやリサイクルについてなど、少し深い話まで、週ごと、月ごとに決められた言語でお話をします。

国際的スキルを育てる①

幼児期の語学教育は「子どものメリット」を重視する

子どもがメリットを感じなければ続かない

子どもが外国語を話せるようにするためには、その言語を学ぶメリットを子どもが実感できていることが非常に重要です。

なぜなら、一度バイリンガルになってもその言語を話す必要性を感じられず一つの言語しか話さなくなる子、親が子どもに無理をさせすぎて外国語学習が嫌いになる子が少なくないからです。

「いい学校に行ける」「将来困らない」というのは親が感じるメリットであって、幼児期の子どもにとっては魅力的ではありません。「みんながやっているから」「早いうちに話せるようになったほうがいいから」というのも、子どもにはピンとこないでしょう。

子どもの頭の中は、自分が体験したものでできているので、**「将来」**や**「周りのみんな」**

の話をされても響かないのです。一見、親の言うことに素直に従っていたとしても、それが表面的なものなら、外国語を話すモチベーションにはなりません。

「英語は楽しい」と思える環境づくり

幼児期の子どもにとっては、「楽しい」「おもしろい」「好き」が英語を話すメリットです。どんなにいい教材・いい環境を与えても、子どもが「楽しい」「話したい」と思えなければ、スムーズに英語を話せるようにはなりません。

2歳くらいまでなら子どもがメリットのありなしをあまり気にしないので、比較的取り組みやすいです。英語のかけ流しも抵抗を感じない子が多いですし、歌やダンスなどで楽しさを感じられれば英語に親しむのには時間はかからないでしょう。

自我やその子なりの好みが出始める3歳くらいからは工夫が必要になります。

英語を話す相手を好きになってもらう、子どもが好きなものと英語を絡める（宇宙が好きならNASA、プリンセスが好きならディズニーアニメなど）、お気に入りのキャラクターが出てくる英語のDVDを利用するなど、子どもが「楽しい」「おもしろい」「好き」と感じられるかどうかを重視して英語との触れ合い方を考えます。

また、海外旅行に連れて行く、国内で英語話者のお友だちをつくるといったことも、英語で人とコミュニケーションをしたいというモチベーションをつくるのに効果的です。

たとえば、うちの子どもたちは3歳くらいまでは日本語と中国語がメインで、あまり英語に触れる環境を設けていませんが、英語を話す親戚に遊んでもらったら2歳の娘が英語に興味を持ち、自分から英語の絵本やＤＶＤを引っ張り出してきて見るようになりました。「あのお兄さんと話したい」という気持ちが、娘にとっての英語を話すメリットになったのでしょう。

長男も3歳くらいのときはあまり英語が話せませんでしたが、公園で会うお友だちがみな英語を話しているので、「みんなと話したい」という気持ちが英語を話すモチベーションになりました。

「やりなさい」では話せるようにならない

2つ以上の言語を習得するのは大人でもひと苦労するものです。頭が柔らかい子どもたちにとっても、いつもより脳を使うので、楽しんでいるように見えてもそれなりのストレスはかかります。

そんななかで、親が「ああしなさい」「こうしなさい」と言い始めると、あっという間に子どもが英語嫌いになってしまいます。

バイリンガルに育てる際には、つぎのようなことに注意してください。

▼子どもが乗り気ではない、または嫌がっているときは無理にやらせない
▼子どものキャパシティやモチベーションに関係なく、たくさん教材を与えたり、長時間英語に触れさせたりしない
▼なかなか話さないとき、上手に話せないときでもダメ出しはしない
▼ほかの遊びをする時間を削ってまで英語をやらせない

幼児期に外国語を習得するときは、母語を習得するのと同じように、耳で聞いて、身振り手振りを交えながらひと言ずつ話し、話せるようになってから文字を覚えるという段階を踏みます。

英語教育に熱心な親御さんほど、早いうちからあれもこれもやらせて子どもを英語嫌いにさせてしまう傾向があるので注意が必要です。詰め込み型やスパルタ形式の英語学習は親が思うほどの効果はありません。

「子どものため」を思う親心が裏目に出てしまうことほど残念なことはありません。**英語学習そのものよりも子どもの反応をよく見ながら、取り組んでいきましょう。**

国際的スキルを育てる②

0歳から「英語の耳」を育てる

「耳育て」は早ければ早いほどいい

バイリンガルに育てるために、最初にしていただきたいのは「耳育て」です。0歳の赤ちゃんのうちから、できればお腹の中にいる妊娠5〜6か月くらいから、子どもに英語を聞かせてあげましょう。

カナダのブリティッシュコロンビア大学幼児研究センターのレポートによると、**赤ちゃんは子宮の中で聞いていた言語に生まれたときから好反応を示し、2つの言語の判別もできる**ことがわかっています。

日本語と英語は、子音と母音の数や発音の仕方が違います。ですから、できるだけ早くその音に慣らしてあげることが大切です。

「幼児期に英語を身につけても、日常会話が日本語ならいずれ忘れる」と言う方もいますが、それは環境のつくり方次第です。**小さいうちに言語の耳を育てておくと、たとえその言語を使わない時期があったとしても、耳は忘れません。**

たとえば、うちの夫は幼児期をアメリカで過ごし、日本に帰国してから高校卒業までは日本語の環境で生活していましたが、今でも英語の発音がとてもきれいです。

私も、8歳で日本に移住してから、中国語をあまり話さなかった時期があったため、20歳の頃には中国語を忘れかけていました。それでも、チャイニーズの方たちと話すようにしたら、すぐにもと通りに話せるようになりました。

また、「英語を身につけさせるなら母語を習得してから」「早くに始めるとどちらも中途半端になる」といった意見もあるようですが、日本にいて日本人家庭で育つなら、日本語がきちんと身につかないという心配はありません。国際結婚をしているご家庭でも、「バイリンガルに育てるための3つのルール」を守っていただけば問題はありません。

毎日英語を聞く習慣をつくる

赤ちゃんのうちから毎日英語を聞かせてあげましょう。ネイティブスピーカーの発音であれば、動画や歌、朗読など、なんでもかまいませんが、子どもが好きなものを選ぶのがベストです。歌が好きな子なら英語の歌、好きなキャラクターがある子ならそのキャラクターを使った英語教材などもいいでしょう。

何がいいかわからない方は、無料で聞けるＹｏｕＴｕｂｅの子ども向けの英語チャンネルがおすすめです。「Little Baby Bum」「Cocomelon」など人気のチャンネルから試してみるといいでしょう。子どもの好みに合うようなら、ＮＨＫなどの副音声のある短い番組を英語で見せるのもよいと思います。

動画を見せるなら、毎日、10〜20分くらい、たとえば朝ご飯や夕ご飯の前など、空いた時間を利用して見せます。スマートフォンなどを見る「スクリーンタイム」は子どもの発達によくない影響がありますので、どんなに長くても30分を超えないようにしましょう。耳で聞かせるだけなら、それ以上の時間をかけてもかまいません。

また、「ことばの宝箱」という幼少期の多言語教育を目的とした教育絵本アプリもあります。これは、１００冊以上の世界のおとぎ話を5か国語（日本語、英語、中国語、スペイン語、韓国語）で読めて、ネイティブの音声で聞くことができるものです。子どもが知っているおとぎ話を多言語で聞くのはとても効果的です。

この段階では英語の音に耳を慣れさせるのが目的なので、子どもに単語を覚えさせたり復唱させたりする必要はありません。くり返し聞くうちに音声を真似して言えるようになる子もいますが、この段階ではそれが目的ではないので、覚えさせるために無理やり長時間聞かせるようなことは避けてください。

中国語やフランス語を聞かせるのもおすすめ

英語以外にも中国語やフランス語を聞かせるのもおすすめです。

中国語には日本語にはない「四声《しせい》（4種類の音の高低アクセント）」がありますし、フランス語にも喉を使って発音する音など独特の発音があります。もちろん将来的に中国語やフランス語も話せるようになればベストですが、たとえそうでなくても、**日本語にはない音を小さいうちから聞いていると耳の感度がよくなるので、さまざまな外国語の発音を聞き取りやすくなります。**うちの長男も、フランス語の幼稚園に2年ほど通っていました。

ただし、英語でフランス語を学ぶ動画など、一つの動画に2言語以上が複雑に混ざっているものは、おすすめしません。動画や歌で外国語を聞かせるときも、「一人1言語」のルールを守って、一定の時間内には一つの言語だけを聞かせます。

たとえば、英語を聞くときとフランス語を聞くときで、動画に出てくるキャラクターや声のタイプを分けると、「言語の風船」と結びつきやすくなるでしょう。

国際的スキルを育てる③

音楽に親しむと外国語を聞き取れるようになる

音楽教育は言語習得に役立つ

ユニバーシティ・カレッジ・ロンドンのスーザン・ハラム名誉教授の論文によると、世界中のさまざまな研究を調査した結果、幼いうちから音楽に親しむことがつぎのような子どもの能力向上に役立つことがわかっています。

- ▼言語発達
- ▼計算能力
- ▼知能の発達（IQの高さ）
- ▼創造性
- ▼自尊心の高さ

子どもをバイリンガルに育てたいなら、音楽教育にも取り組むことをおすすめします。

私自身、長年子どもたちに音楽を教えてきた経験から、幼いうちから音楽に親しむと、音に対する感度を高められると実感しています。

音に敏感な耳を育てられれば、より上手に外国語を聞き取ることができるようになります。

さらに、音楽教育には、リズムに乗り、譜読みをすることで数字に親しむことができる、指先の細かい筋肉を上手に使えるようになる、複数のスキルを同時に鍛えることができるなど、さまざまなメリットがあります。

敏感な耳を育てる工夫

私は子どもに習い事を強制することはありませんが、音楽は必須と考えてピアノのレッスンをさせながら、毎日音楽に触れられるようにしています。

また、週3回以上は家で子どもたちがいるときにピアノを弾くようにしています。私自身はクラシックが好きですが、クラシックだけでなく、「スターウォーズ」のテーマ曲や「パプリカ」など、子どもが好きな曲を弾きます。

子どもは自由に遊んでいるので、一見聴いていないようにも見えますが、意外と聴いていることもあります。いずれにしても、音楽で脳に刺激を与える環境づくりが大切と考えているので、聴いているかどうかはあまり気にせずに弾いています。

実際、その効果はあるようで、生まれたときから10年以上、私のピアノを聴き続けてきた長男はとても音に敏感です。

夜に聴く音楽をＹｏｕＴｕｂｅで選ぶときも、「このピアノの弾き方は好きじゃない」と言ったりしながら、自分好みのピアノの音を探しています。また、バッハが気に入ったようでゲームのＢＧＭにバッハの曲を選んでいたこともありました。

ピアノはそのクオリティやコンディションはもちろん、天気によっても弾いたときの音が左右されます。この違いがわかるのは家族の中で自分だけだろうと思っていたのですが、乾燥した天気が続いた日に長男がピアノを弾いたとき、「今日はピアノのタッチが違うね」と言ったのには驚きました。

そら幼稚園でも、英語や日本語の歌で「耳育て」をするのと同時に、歌やダンスで楽しみながら、音楽でも「耳育て」をしています。

また、登園時にはクラシックをかけることがあります。登園したばかりで興奮している子も音楽に耳を傾けるうちに落ちつきますし、「この曲、好き」と言う子もいます。音楽は子どもの心を穏やかにする空間づくりにも役立ちます。

電子音よりは、できればピアノやギターなどの楽器で演奏した曲のほうがいいですが、ＹｏｕＴｕｂｅや手持ちのＣＤで音楽を流したりするだけでも、耳を育てることはできます。

日本でも人気のリトミックも、体を動かしながら楽しく音楽に触れられます。3歳くらいからグループレッスンに参加して楽しく音楽の基礎を身につけ、6歳くらいから本格的に楽器を弾くレッスンを受けるのもおすすめです。

国際的スキルを育てる④

言語を習得するコツは「インプット1：アウトプット3」

日本人が話せない原因は？

バイリンガルになるための第一歩は「耳育て」ですが、もっとも重要なのはアウトプットする（実際に話す）ことです。

日本人が中学・高校の6年間、あるいはそれ以上英語を勉強しているのに話せないのは、圧倒的にアウトプットが足りないからです。

関西外国語大学と愛媛大学で英語教育に携わった経験のあるイギリスのレスター大学のジム・キング博士は、日本の学生が第二言語で話すことを苦手とする理由について、**自信のなさや恥をかくことへの恐怖**、**目立つことを好まない文化的背景**、**会話を重視しない授業内容**にあると指摘しています。

博士が9つの大学の30の英語の授業を観察した結果、合計48時間の授業中、学生からの発話は、たったの0・21%だったそうです。

実際、「英語を聞き取ることはできるけれど、話すのは自信がない」という方も多いと思いますが、アメリカに渡った頃の私もそうでした。

英語が話せないまま渡米した私は、まず語学学校に通うことからスタートしました。けれど、10か月間、語学学校に通っても、私は相変わらず英語が話せませんでした。英語が苦手なわけではありませんでしたし、渡米前に1年間、毎日単語を覚え、語学学校で文法もおさらいしたのに、会話には自信が持てないままだったのです。

完璧じゃなくてもいいから話す

原因は、やはり圧倒的なアウトプット不足でした。英語で話しかけて聞き返されると「発音が悪いからだ」と恥ずかしくなり、「文法を間違えないように」と考えすぎてしまい、必要最低限の会話以外、積極的に人と話す機会を持てなかったのです。

私は日本人ではありませんが、長年、日本で暮らすうちに、私の中にもまじめな日本人の「間違えたら恥ずかしい」というマインドができあがっていたのです。

一方で、同じ語学学校に通っていたロシア人やチャイニーズのクラスメイトは、発音や文法が完璧じゃなくても、気にせずに身振り手振りを交えて積極的に話し、どんどん上達していきました。

私はあるとき、「今まで学んだ英語は全部忘れよう。笑われてもいい。簡単な英語でいいからとにかく話そう」と決め、文法は気にせず、赤ちゃんが言葉を話すように単語一つから始めて、ジェスチャーを交えながらどんどん人に話しかけるようにしたのです。その結果、3〜4か月後には、かなり英語が話せるようになりました。

インプットよりもアウトプットが重要

コロンビア大学のアーサー・ゲイツ教授の行った有名な実験があります。教授は、読んで覚えるのと口に出して暗唱して覚えるのとどちらが効果的にものごとを覚えられるかを実験するために、小学3年生から中学2年生までの100人以上の子どもたちに紳士録（人名やプロフィールが書かれたもの）を覚えさせる実験をしました。

子どもたちをグループに分け、それぞれ読んで覚える時間（インプットの時間）と暗唱する時間（アウトプットの時間）の配分を変えたところ、紳士録の内容をもっともよく記憶していたのは、**インプットに3割、アウトプットに7割（年齢が低い場合はインプットに4割、アウトプットに6割）の時間を費やしていたグループ**だったそうです。

言語を習得するには、最初はインプットが必要になりますが、その後話せるようになるためにはインプットの倍以上、アウトプットが必要になります。特に**日本の英語教育はインプットを重視する傾向があるので、なおさら「インプット1：アウトプット3」くらいを目安にする**のがよいと思います。

単語一つから話せればOK

幼児期の子どもたちには、まだ「間違えたら恥ずかしい」という気負いはありませんから、英語を話す機会と、その子が話したいと思える状況をつくってあげれば自然と話せるようになります。

最初は「耳育て」などのインプットが多くなるのが自然ですが、3～4歳くらいから、早い子では2歳くらいから、インプットだけの状況から少しずつアウトプットもできるようになってきます。

そのためには、「耳育て」などのインプットは続けながら、**英語を使って人と交流するアウトプットの機会を親が意識をしてつくってあげる**ことが大切です。

たとえば、プリンセスが好きな子なら、英語の先生に「Princess」と言い、先生が「Oh,

princess！」と返すだけでも、立派なアウトプットになります。単語一つのやりとりでも「自分が言ったことが通じた！」という自信を持つことができると、つぎにまた違う単語で先生に話しかけることができ、次第に英語を話せるようになります。

おうちでもアウトプットの機会をつくることはできます。たとえば、絵本の猫の絵を見せて「これは英語でなんて言うの？」と聞き、「Cat」と答えるのもアウトプットの一つです。あるいは、子どもの好きな英語の歌を覚えて歌ってもらうのもアウトプットの練習になります。

アルファベットが書けるようになったら、動物や身近なものの名前を英語で書いてもらうのもいいでしょう。

とにかく、**「子どもが英語で自発的に話す、書く」**機会をたくさん持つようにしましょう。

子どもの発達度合いや性格に合わせて、焦らない

幼児期の子どもの場合、アウトプットのタイミングには子どもにより差が出ます。

母語を話す場合でも、1歳すぎから話し始める子もいれば、2歳をすぎてから一気に話し始める子もいます。同じように、英語を話し始めるタイミングも子どもにより差があり

ますから、その点は日本語の場合と同じように焦らず信じて見守ることが大切です。

子どもの性格も英語の習得に大きく関わります。**自己肯定感や社会的スキルが十分にないと、どんなにインプットをしても、アウトプットをするまでには時間がかかります。**

第6章でご紹介したCちゃんは、そら幼稚園の前に英語だけの幼稚園に通っており、英語を聞く機会はたくさんあったのですが、まったく英語が話せませんでした。

そら幼稚園に入っても最初のうちは、引っ込み思案な性格のため、人前では話すことはできずにいました。それでも、おうちでは幼稚園で習った英語の歌をお母さんの前で披露していたのです。

Cちゃんが最初に口を開いたのは、そら幼稚園のサークルタイム（一斉保育）の英語の歌の時間でした。それから少しずつ先生やお友だちと話し始め、3か月ほどで英語を話すようになり、半年後には会話もできるようになりました。

子どもに合ったアウトプットの環境を

英語習得においてアウトプットを重視していると、どの学習法が子どもに合っているかもわかりやすくなります。

たとえば、多くの子どもが英語が話せるようになったという評判の英会話教室に子どもを入れたとします。同じクラスの子どもたちは話せるようになっていくのに、自分の子どもはなかなか話さないという場合、その子はグループでのレッスンには向いておらず、マンツーマンのほうが話しやすいのかもしれません。

人気の英語教材のＤＶＤを見せても反応が薄いのに、英語で歌いながらダンスをする場面になると歌を真似して踊りだすなら、その子は体を使いながら英語を覚えるのが合っているのでしょう。

アウトプットの仕方から反応を探り、お子さんにもっとも合った方法を見つけてあげてください。

国際的スキルを育てる⑤

日々の生活の中で「英語を使う環境」をつくる

日本で英語を話す環境をつくるには？

もし日本にそら幼稚園と同じように日常生活の中で日本語と英語に触れられる幼稚園がつくれたら、そこに通うお子さんたちをバイリンガルに育てられる自信があります。

また、完全なバイリンガルの幼稚園でなくても、工夫次第では、認可の保育園や幼稚園にアウトプットを重視した英語教育を導入して英語を話せる子を育てることは可能です。

ただ、残念ながら、そら幼稚園のメソッドを導入した保育園や幼稚園は、まだ日本にはありません。

「子どもをバイリンガルに育てる」というと、日本では、インターナショナルスクールや、日本語と英語のバイリンガル幼稚園に入れる親御さんも多いようです。

インターナショナルスクールやバイリンガル幼稚園は、毎日英語を話す機会を得られるという大きなメリットがあります。

ただ、**保育者が「一人1言語」を徹底しているか、日常の保育の時間に英語を使う環境があるか、カリキュラムが過密すぎず遊びの時間とのバランスがとれているか、といった点は実際に見学をして確認することをおすすめします。**

シリコンバレーから日本に帰国したそら幼稚園の保護者の方から、「日本で同じようなバイリンガル教育をしてくれる幼稚園を探してもなかなか見つからない。日本にそら幼稚園があったらいいのに」というお声をいただいています。日本でそら幼稚園のようなバイリンガル教育をしている園は、まだ少ないのかもしれません。

インターやバイリンガル幼稚園以外の方法も

インターナショナルスクールやバイリンガル幼稚園は、毎日英語を話す環境が得られますが、その分、通常の園よりも学費がかかります。英語教育においては、幼児期に英語を話せる環境を整えることに投資したほうがいいと私も思いますが、教育費を抑えたいご家庭にとっては、現実的ではない場合もあります。

そこで、そら幼稚園と同じようにバイリンガルに育てる環境を日本でつくるために私がよいと思うアイデアをいくつかご紹介します。残念ながら、私は日本のどの英会話教室がいいのかはお答えできないので、具体的な情報はインターネットやSNSでリサーチしてみてください。日本にも多言語の子育てを実践されている方がたくさんいらっしゃるので、みなさんの近隣地域のくわしい情報もきっと見つかると思います。

●小規模で会話を重視した英会話教室に通う

英会話教室ならば、ほかの習い事とさほど変わらない授業料で英語を話す機会が得られます。ただ、日本人の先生が一人で英語と日本語を交えながら教える教室、大人数で英語のフレーズを復唱するだけで日常的に英語で会話をする機会が少ない教室、インプット中心の教室だと、あまり効果は望めません。

英語だけを話す先生がいる教室、少人数で一人ひとりの子どもが自然と先生と会話ができる教室を選びましょう。また、どんな学校や習い事もそうですが、必ず子どもを連れて見学に行き、子どもが楽しく通えそうかどうかを確認しましょう。

●マンツーマンレッスンを受ける

ネイティブの英語講師に自宅に来てもらうか、親子で教室に通い、子どもとマンツーマンでレッスンをしてもらいます。たくさんのお友だちの前では、恥ずかしくて話せない子、遠慮して話す機会が減ってしまう子にはおすすめです。

自宅に人を入れたくないけど親子で教室に通う時間もないといった場合は、オンラインのマンツーマンレッスンも検討してみるとよいと思います。

- 「英語を」学ぶのではなく「英語で」学ぶ

英語で会話をすることできるのであれば、英会話教室にこだわる必要はありません。**英語のみで会話をする習い事もおすすめです。**

たとえば、アメリカでも人気の音楽教育プログラム「Music Together」を導入した英語の音楽教室が日本にもあります。音楽教育は言語発達にもよいので、一石二鳥です。

英語で体操を習う「My Gym」も日本にいくつか教室があります。興味のある方は近隣地域に教室がないか公式のウェブサイトでチェックしてみてください。

こういった「英語で学ぶ」習い事を選ぶときも、英会話教室と同じように、先生と英語で会話をする時間が十分にあるかなどは事前にチェックしましょう。

- 英会話コミュニティやプレイデート、国内ホームステイ

日本に住んでいる英語話者と子どもが自然と交流できる英会話コミュニティもあります。

インターネットで調べるといろいろと見つかりますし、初めてで不安があるなら、自治体に問い合わせて連携しているコミュニティがないか聞いてみるのもよいと思います。

また、**英語を話す外国人の親子とプレイデート**をするのもおすすめです。

アメリカでは子ども同士が遊ぶとき、親が同伴する「プレイデート」をよくします。これは、12歳以下の子どもだけで外出させることが禁じられているからで、親同士であらかじめ自宅や公園などの場所と時間を決めて遊ばせます。

身近にいる英語話者の親子や、英会話のイベントやコミュニティなどで仲よくなった親子をプレイデートに誘ってみましょう。子どもの相性が合えば、定期的に遊びながら話すことでアウトプットの機会をつくることができます。

また、**子どもや親が日本国内の外国人家庭に短期間ホームステイできるサービス**もあるようです。

●英語を話すベビーシッターを雇う

最近、日本でも英語を話すネイティブのベビーシッターやハウスキーパーのサービスが増えているようです。

週に1回でも、英語を話すベビーシッターに子どもの世話をお願いすれば、マンツーマンで英会話ができます。

おままごとやカードゲームなど、**シッターと遊びながら自然なかたちで楽しく英語を身につけられますし**、「今日は幼稚園でひまわりの絵を描いたの」「日曜日に、お父さんとお母さんと動物園に行ったよ」など、そのとき**子どもが話したい内容を自分で考えながら英会話ができる**ので、バイリンガルを育てるのには最適です。特に、お友だちがたくさんいるところでは話しづらい子には向いています。

多少の訛《なま》りがあったとしても、英語が流暢であれば、欧米人でなくてもかまいません。それよりは人として信頼できるか、自分の子どもと合うかが重要です。

また、少なくとも最初の数回は親が在宅中に子どもを見てもらう、できること・できないことやトラブルが起きた場合の対応を事前に確認する、女の子なら男性のシッターは避けるなど、安全面を考えた配慮は日本人のベビーシッター同様に必要です。

そのあたりの確認が自分でできるか心配な方は、親が英語を話せなくても安心して任せられるシッターサービスを提供している会社を選びましょう。

国際的スキルを育てる⑥

ジェスチャーを交えるとより早く話せるようになる

赤ちゃんのように、ジェスチャーを使う

耳で聞くだけ、口に出すだけよりも、ジェスチャーを用いて手と目を使いながら覚えるほうが、五感をよりたくさん使うので脳にもしっかりと記憶されます。

私が語学学校に通っていたとき、私よりも早く英語を話せるようになっていったクラスメイトたちは、たくさんのジェスチャーを使って先生とコミュニケーションをとっていました。単語しか話せなくても、間違っていてもかまわず身振り手振りでどうにか会話を成立させてしまうのです。そうやって積極的にコミュニケーションをとるうちに、彼らはどんどん話せるようになっていきました。

言語習得に関するさまざまな研究でも、**ジェスチャーを使うことが言語習得にプラスにはたらき、より早くたくさんの言葉を覚えられる**ことが指摘されています。

これは、赤ちゃんが言葉を覚える過程を考えると納得できると思います。

赤ちゃんは最初は身振り手振りで「ごはん」や「だっこ」などしてほしいことを伝えてきます。それに対して親が「ごはん食べる?」「はい、だっこね」と答えることで言葉を覚えていくのです。

ジェスチャーを使うと、覚えが早くなる

うちの2歳の長女がまさに語彙を増やす時期に来ています。「くま」「うさぎ」「猫」など、手で耳の形をつくりながらジェスチャーを交えて言葉を伝えると、1~2回言うだけで言葉を覚えてつぎには自分で言えるようになります。

そら幼稚園でも、新しい歌を覚えるときには振りつけをします。歌に振りをつけるのとつけないのとでは、子どもたちが覚えるスピードがまったく違います。

また、頭の上に手で耳の形をつくって「rabbit」、手で長い鼻の形をつくって「elephant」など、クイズ形式でジェスチャーゲームをするのも、楽しく言葉を覚えられるのでおすすめです。

簡単な単語しか出てこなくても、ジェスチャーがあれば相手に伝わりやすくなりますし、伝わったという経験が「もっと話したい」というモチベーションにつながります。

国際的スキルを育てる⑦

おもちゃやワークブックで語彙を増やす

言葉を覚えるのにおすすめの絵本やおもちゃ

語彙を増やすために、英語の絵本やおもちゃも活用しましょう。英語の音声が聞ける絵本や、絵や写真で言葉が覚えられる図鑑やカードなど、語彙を増やすためのツールはたくさんあります。

いろんな種類のものがありますが、言葉を覚えるという点では同じですから、日本語を覚えるときにお子さんが好んで使っていたものが英語を覚えるときにも合うと思います。

●音の鳴る絵本やおもちゃ

音が鳴る絵本やおもちゃは、子どもが楽しめますし、耳からも言葉を吸収するので、スムーズに言葉を覚えることができます。

耳で言葉を聞くと、子どもはその音を真似ようとします。もちろん、子どもが小さいうちはきちんと発音したり正しく歌ったりすることはできませんが、**間違っていても訂正せず「言葉を真似る」訓練だと思って楽しく遊ばせてあげましょう。**

わが家でも、日本語、中国語、英語の音の鳴る絵本やおもちゃが大活躍しています。童謡が好きな娘は日本の童謡が流れるおもちゃをベッドに持ち込み、子守唄のように枕元で鳴らして自分も歌いながら眠りについています。

また、専用のペンで絵に触れるとそのものの名前が音声で流れる絵本もありますが、そういうものも、子どもが自分で知りたい単語を選べる点がよいと思います。

こういった絵本やおもちゃは、**子どもが遊びたいときに一人で自由に遊ばせてあげましょう。**親が一緒に遊んであげると、いろんなボタンを押したがることがありますが、一人で自由にさせていると集中して一つの曲を最後まで聴いています。

●カード

ある程度子どもが話せるようになり、アルファベットを覚え始めたら、カードもおすすめです。アルファベットが書かれたカードをかるたのようにして、「A」なら「apple」、「B」なら「bee」など、思いついた単語を言いながら遊びます。

うちの長男の場合は、アルファベットではありませんが、第4章でご紹介したように、ひらがなのカードを床に並べてかるたのように単語を言いながら遊んでいました。

最初は単語が出てこないことのほうが多いと思いますが、全部言えるようになりたくてゲーム感覚で楽しく単語を覚えることもできます。

●英語を話すおもちゃ

子どもと英語を話す「お友だち」として、おしゃべりをするぬいぐるみをプレゼントするのもいいアイデアです。

昔からおしゃべりをするぬいぐるみはありますが、最近ではより高度なものもあるようです。たとえば、ぬいぐるみにスピーカーを取りつけて遠隔で会話ができる「Ｐｅｃｈａｔ（ペチャット）」というツールがありますが、最近ではＰｅｃｈａｔと連動させて英会話ができるアプリもあるようです。セリフは１０００種類以上、歌やお話は40種類あるようなので、長く遊ぶことができるでしょう。

もちろん人との会話にはかないませんが、子どもが英語に親しみを抱くおもちゃとしてはこういうものも使ってみるとよいと思います。

「読む」「書く」は5歳くらいから

英語が話せるようになってきたら、5歳くらいから読み書きにも挑戦してみましょう。

ここで注意していただきたいのは、**「聞く」「話す」ができてから「読む」「書く」を始める、ごく簡単なもの、子どもが楽しんでできるものを選ぶ**ということです。

ABCを完璧に読み書きさせることから英語教育を始めるのは遠回りになります。アルファベットを知らなくても、単語を知っていれば話せます。また、知っている単語があったほうがアルファベットも楽しく身につきますから、必ず「聞く」「話す」が先です。

読み書きを身につける方法としてはつぎのようなものがあります。

●フォニックスを学べる教材

ネイティブの子どもたちは、アルファベットの英語の音をあらわす**「フォニックス」**を学びます「エイ・ビー・シー」は文字としてのアルファベットの名前を言う読み方ですが、フォニックスはアルファベットの音を読みます。

フォニックスでは「ABCDE」を「エア・ブ・ク・ドゥ・エ」と覚えます。たとえば、「hat」をアルファベットの名前で読むと「エイチ・エイ・ティー」で「ハット」とは違う音になりますが、フォニックスで読むと「ハ・ェア・トゥ」となり、「ハット」に近い発音になります。このように、**フォニックスを知っていると初めて見た単語でもなんとなく読み方がわかるようになります。**

CDつきのワークブックなど、フォニックスの教材もたくさんありますので、取り組みやすいものを選んでやってみてください。

●ネイティブの子ども向けのワークブック

「School Zone」「Brain Quest」など、ネイティブの子ども向けのワークブックがあります。5歳くらいであれば、こういったネイティブ向けのワークブックをインターネットで購入して、基礎的な単語や数字の読み書きを学ぶのもいいでしょう。

ただし、6歳くらいになって、日本語の読み書きもだいぶできるようになってから始めるのであれば、**子どもによっては英語だけでなく、日本語と英語の両方が書かれたワークブックのほうがストレスがなく、理解がしやすい場合もあります。**

1冊目に取り組むワークブックは、子どもがストレスなく取り組める簡単なものを選び、最初のうちは一日に取り組むページ数も2~3ページくらいに留めます。最初に取り組むワークブックが難しすぎると、子どもが「英語は難しい」というイメージを抱いてしまい、英語が上達しづらいベースをつくることになってしまいます。

子どものやる気がないときにやったり、長時間やらせたりするのはモチベーションや集中力が低下して効率的ではないのでやめましょう。日本語の読み書きも同じですが、**5〜6歳で一日に15〜30分くらい**が目安です。子どもがもっとやりたがる場合でも、1時間くらいまでに留めましょう。

●短い文章が書かれた絵本

短い文章が書かれた英語の絵本を親子で読んでみましょう。簡単なフレーズなら親が読んであげてもいいですし、読み聞かせの音声がついた絵本もおすすめです。

英語の音とセンテンスが結びつくことで、単語の覚えもよくなりますし、文法はわからなくても音と単語の関係から、少しずつ英語を「読む」ベースもできあがっていきます。

そら幼稚園でも、子どもたちが手に取れる場所に英語と日本語の絵本を置き、読みたい子は自由に読めるようにしています。

国際的スキルを育てる⑧

「違い」を認め合ったうえで「私」を語る国際的マインド

世界は「違っていて当たり前」

世界は多様性に満ちています。人種・宗教・言語の違いもあれば、主義や政治的な考え、性的指向の違いもあります。特にアメリカにいると、「違っていて当たり前」なので、ことさら自分と人との違いを意識することも減ってきます。

英語が話せる日本人やアジア人は今では珍しくないので、**国際社会で活躍するためには、「国際的マインド」を育てることが大事です。**自分とは主義主張が違う人を受け入れるのが「国際的マインド」の基本です。どんなに英語が堪能でも、マインドが日本から抜け出せなければ、英語力を生かしきれません。

幼児期に「国際的マインド」を育てるポイントは「知る」ことです。

一番いいのは、海外旅行に連れて行って、実際に他国の文化や暮らしを見せることです。

それ以外には、たとえば、ほかの国の子どもがどんな暮らしをしているかを知ることができる絵本や、世界の諸問題を子ども向けにイラストでわかりやすく説明した本、あるいは海外の人の暮らしを紹介するドキュメンタリー番組を見せるのもおすすめです。

また、親が「こうでなくてはならない」「これはおかしい」という偏見をなくしていきましょう。どんなに言葉で「世界にはいろんな考え方の人がいるよ」と説明しても、親が「日本人マインド」のままなら、それが子どものマインドにも影響します。これは、親自身が国際的マインドを身につけるチャンスでもあります。

「男の子だから」「女の子だから」「お兄ちゃんだから」「お姉ちゃんだから」「日本人だから」「子どもだから」……など、あらゆる決めつけの言葉は、今日からできるだけ使わないようにしましょう。

「私は」で語れる人に育てる

日本人は自己主張をするのが苦手です。これも、**「自分の意見」を重視する国際社会で日本人が活躍しにくい一つの原因**だと感じています。

私が日本人の方とお話しするとき、「私は」と自身の意見をストレートに述べる方はあまりいません。何か質問をすると、「日本では」「よく言われるのは」「〇〇する人が多いです」という答え方をする方や、自分の意見を述べるときも「○○で△△なので……私はこう思います」と前置きが長い方が多いので、スパッと意見を言うアメリカ文化に慣れた私はじれったく感じてしまうこともあります。

小さいうちは難しいこともありますが、できるだけ自分の意見を的確に伝えられる人になるように、家庭でもつぎのようなことに気をつけてみてください。

●人前で話す機会をつくる

そら幼稚園では、みんなの前で自分の話をする「シェアリングタイム」という時間を設けています。たとえば、「私の好きなもの」というテーマで一人の子が話をして、それに対してほかの子が「どうしてそれが好きなの？」などインタビューをします。

小さいうちから人前で話す機会を持つと、大人になってからも人前で自信を持って自分の意見を述べられるようになります。

●自分の意思を明確に、ポジティブに伝える

日本人は自分の意見をはっきりと伝えるのが苦手です。

日本の文化で育った私も、アメリカに来た当初は自分の意思をはっきりと伝えられずに

いました。ベビーシッターをしていた家のご主人から「玲子も一緒に食事をどう？」と聞かれて、「遠慮したいけれど、断るのも申し訳ないな……」と考えてはっきり伝えられずにいたら、「Yes or No？」と聞かれたことがあります。こういう場面では、相手は明確な答えを知りたいだけで、イエスでもノーでもかまわないのです。

日頃から、**子どもがどうしたいのか、どう思っているのか、自分の考えを明確に伝えられるように促しましょう。**

ただ、なんでもズバッと言えばいいわけではありません。欧米人も相手の気持ちに配慮した言い方を心がけています。たとえば、追加で食事を勧められて断るときも、「もうお腹がいっぱい。ありがとう」など、ポジティブな言い方をすれば角が立ちません。

●「みんな」を使わない

子どもが何かやらないとき、できないとき、日本のお母さんは「みんなやっているんだから」と言ってしまいがちです。子どものほうも何かおねだりするときに「みんな持っているよ」と言ったりします。「みんな」を使うと、お互いの意見がうやむやになり、自分自身の考えが伝わりません。今日から、できるだけ「みんな」を使うのをやめ、「自分はこう思う」とそれぞれが自分の意見を述べるようにしましょう。

●人の意見を尊重することを教える

自己主張ができる子の中には、自分の考えにとらわれすぎて、自分とは違う意見を受け入れられない子もいます。幼児期はまだ社会的スキルが発達途中ですから、ある程度のこだわりは受け入れてもいいと思います。

ただ、**「自分の意見と同じように、相手の意見にも価値がある」「自分の意見と反対のことを言う人がいても、その人の意見に耳を傾けるべき」**といったことは、言葉や行動で日々、伝えていきましょう。

●「世界のために何ができるか」を考える

第1章でお話ししたように、これからの子どもたちは「自分の力を社会に還元する」ことを意識して生きていくことが必要になります。

子どもがゴミ問題などの世界の問題に興味を示したら、「自分でできることは何かないかな?」と問いかけ、諸問題を対岸の火事と考えずに「自分ごと」として考える意識を持てるように促しましょう。

7章のポイント

- これからの時代は言語力と国際的マインドを合わせた「国際的スキル」が必要になる
- 「一人1言語」「母語で話す」「同じ言語を使い通す」という3つのルールを守る
- 英語教育の第一歩は「耳育て」。英語の聞き流しのほか、音楽教育も耳の感度を上げるのに効果的
- 「インプット1：アウトプット3」の割合を意識する
- 日常生活の中で自然と英語が話せる環境づくりをする
- 人と人の違いを受け入れたうえで、自分の意思を伝えられる「国際的マインド」を育てる

おわりに

数ある子育て本の中から、この本を選んでくださり、本当にありがとうございます。

「子どもたちが自分だけの才能を花開かせ、世界に羽ばたく大人になってくれたら」と願いながら、遠く離れたシリコンバレーの視点から、これからの日本で、そして世界で必要だと私が考える子育てのアイデアをみなさんにお伝えしてきました。

どの親もわが子には最善の教育を与えてあげたいと思うもの。そのためにこの本がみなさんのお役に立てたなら、これほど嬉しいことはありません。

けれど、この本で私がお伝えしたことは、あくまでも現時点で私が最善と考えるものです。教育に関しては多種多様な意見がありますし、時代が変われば教育も変わります。

さまざまな情報を取り入れることは、日々の子育ての力となりますが、人の意見や情報に振り回されないように「自分の軸」を持つことも大切です。「他人の軸」で子育てをしていると、自分にとって大切なものを見失うばかりか、子どもと向き合うことを忘れてしまいかねません。

わが子に世界一幸せな人生を送ってほしいと願うなら、親の役割は、たくさん与えたり、あれもこれもさせたりすることではありません。

子どもが自分らしく輝くための手助けをすること。

子どもを信じて、自立できるように見守ること。

そのための土台となる環境づくりをすること。

それが親の愛情だと私は考えています。

子育てに奮闘する同志として、みなさんとともに学び、チャレンジしながら、子どもたちの未来をつくっていけたら嬉しく思います。

2020年10月　シリコンバレー　ロス・アルトス・ヒルズより

中内玲子

おもな参考文献

- 『イノベーションのジレンマ 増補改訂版』
  クレイトン・クリステンセン、玉田俊平太(監修)、伊豆原弓(訳)、翔泳社
- 『日本のイノベーションのジレンマ』玉田俊平太、翔泳社
- 『世界を変えるSTEAM人材』ヤング吉原麻里子、木島里江、朝日新聞出版
- 『未来のイノベーターはどう育つのか』トニー・ワグナー、藤原朝子(訳)、英治出版
- 『世界の子育て格差 子どもの貧困は超えられるか ――お茶の水女子大学グローバルCOEプログラム 格差センシティブな人間発達科学の創成 2巻――』
  内田伸子(編)、浜野隆(編)、金子書房
- 『幼児教育の経済学』ジェームズ・J・ヘックマン、古草秀子(訳)、東洋経済新報社
- 『自己肯定感を高める最強の子育て』大坪信之、大坪可奈、PHP研究所
- 『世界7大教育法に学ぶ 才能あふれる子の育て方 最高の教科書』おおたとしまさ、大和書房
- 『お母さんの「敏感期」 モンテッソーリ教育は子を育てる、親を育てる』相良敦子、文藝春秋
- 『ママ、ひとりでするのを手伝ってね!』相良敦子、講談社
- 『レッジョ・アプローチ　世界で最も注目される幼児教育』
  アレッサンドラ・ミラーニ、水沢透(訳)、文藝春秋
- 『レッジョ・エミリアからのおくりもの　子どもが真ん中にある乳幼児教育』森眞理、フレーベル館
- 『WILLPOWER 意志力の科学』
  ロイ・バウマイスター、ジョン・ティアニー、渡会圭子(訳)、インターシフト
- 『スタンフォードの自分を変える教室』ケリー・マクゴニガル、神崎朗子(訳)、大和書房
- 『ヴィゴツキー 教育心理学講義』ヴィゴツキー、柴田義松(訳)、宮坂琇子(訳)、新読書社

- Carl Benedikt Frey and Michael A. Osborne. (2013).
  The future of employment: How susceptible are jobs to computerisation?
- Peter Gray, Ph.D. (2015). Early academic training produces long-term harm
- Frank Niklas, Caroline Cohrssen, and Collette Tayler. (2016).
  The sooner, the better: early reading to children
- University of Minnesota, College of Education and Human Development (2002).
  Involving children in household tasks: is it worth the effort?
- Fred Genesee. (2007). A short guide to raising children bilingually
- The Center on the Developing Child at Harvard University.
  Executive function: skills for life and learning
- Tracey C. Burns, Katherine A. Yoshida, Karen Hill and Janet F. Werker. (2007).
  The development of phonetic representation in bilingual and monolingual infants.
  Applied Psycholinguistics 28, 455–474

ここまで読んでいただいた皆様へ

無料メルマガ
「Reiko先生の連絡帳」のご案内

この度は、この本をお読みいただき、まことにありがとうございます！

Reiko先生こと中内玲子です。

メルマガ「Reiko先生の連絡帳」では、子育てに悩みながら日々奮闘されているお母さんやお父さんの助けになるような子育てに関する情報、今すぐできる実践的な悩みや不安の解消法などをお伝えしていきます。

また、日々現場で保育に携わっていらっしゃる幼稚園・保育園の先生方にも役立てていただけるような情報もあわせてお伝えしていきます。

ぜひご登録いただき、参考にしていただければ幸いです。


ご登録はこちらから！

左のQRコードか下記のURLからご登録ください。
https://soraclassicarts.net/fx/2tlwTs

こちらもぜひ、ご覧ください

▶ 子育ての悩み・不安の解消法や、今すぐできる教育法をやさしく動画で解説！

YouTube公式チャンネル
「教えて！ Reiko先生！ -シリコンバレー式の子育てchannel-」

▶ 世界に羽ばたく幼児教育を実践

「Sora International Preschool」公式サイト
https://www.SoraPreschool.com/

▶ 業界初！「科学に基づく子育て」文献ライブラリー

「Successful-Child」
https://www.Successful-Child.com

中内玲子 Reiko Nakauchi

台湾生まれ、日本育ち、アメリカ在住のトリリンガル(日・英・中)。3人の子どもたちもトリリンガルに育てた、2男1女(10歳、6歳、2歳)の母。グーグルなどシリコンバレーの企業に勤める親たちから人気の日英バイリンガル幼稚園Sora International Preschool創立者。AMIモンテッソーリ国際免許取得。

日本で念願の幼稚園教諭になったものの、「みんな一緒」を重視する日本の保育に疑問を抱き、英語も話せない、知人もいない、お金もないまま24歳で渡米。さまざまな国籍の子どもが集まるシリコンバレーで保育を学ぶ。シリコンバレーでの生活は20年以上になる。サンフランシスコ州立大学音楽学部を卒業後、モンテッソーリの幼稚園勤務を経て、2007年に自身の理想の教育を実現する教育施設をつくり、2011年にカリフォルニア州認可幼稚園を設立。

教育事業のアドバイスをするコンサルタントとしても活躍中。世界中の教育者が互いの思いやアイデアをシェアできる場をつくるために、教育現場を取材する活動を続けている。最先端企業が集まるシリコンバレーの視点をもとに、「自分の才能を伸ばし、国際社会で羽ばたける子」を育てる実践法を提唱。

シリコンバレー式 世界一の子育て

2020年10月19日 初版第1刷発行
2021年 3 月 1 日 初版第3刷発行

著者	中内玲子
発行人	津嶋 栄
発行	株式会社フローラル出版
	〒163-0649
	東京都新宿区西新宿1-25-1 新宿センタービル49F
	＋OURS内
TEL	03-4546-1633(代表)
TEL	03-6709-8382(注文窓口)
注文用FAX	03-6709-8873
メールアドレス	order@floralpublish.com
出版プロデュース	株式会社日本経営センター
出版マーケティング	株式会社BRC
印刷・製本	株式会社光邦

ISBN978-4-910017-08-2 C0037